Sergius Golowin

Das Traumdeutungsbuch des Fahrenden Volkes

Das Traumdeutungsbuch des Fahrenden Volkes

Gesammelt und herausgegeben von
Sergius Golowin

Verlag Hermann Bauer
Freiburg im Breisgau

CIP-Kurztitelaufnahme der Deutschen Bibliothek

Golowin, Sergius:
Das Traumdeutungsbuch des Fahrenden Volkes /
ges. u. hrsg. von Sergius Golowin. —
2. Aufl. —
Freiburg im Breisgau: Bauer, 1986.
ISBN 3-7626-0305-7 kart.
ISBN 3-7626-0269-7 geb.
NE: HST

Mit 173 Zeichnungen.

2. Auflage 1986
ISBN 3-7626-0305-7

Satz: Typo Tausend GmbH, Nürnberg.
Druck: Carl Ueberreuter Druckerei Ges. m. b. H., 2100 Korneuburg
Printed in Austria.

Inhalt

Erster Teil

Auf den Spuren verlorener Lehren

Kindheit und Völkertraum

Als Kind erbte ich ein Fürstentum der Träume. Dies ziemlich im wörtlichen Sinne.

Die Golowin stammen von der Krim, wo ihre Vorfahren an der malerischen Küste von Balaklava die Häuptlingsfamilie eines gotischen Stammes waren, der nach den heute gesammelten Chroniken und andern Aufzeichnungen das ganze Mittelalter hindurch seine Sprache und urtümlichen Bräuche bewahrte. Das Gebiet der Sippe, die bald mit griechisch-byzantinischen und dann wieder mit tatarisch-mongolischen Reichen zusammenarbeitete, war romantisch winzig. Ihre kulturgeschichtlichen Erwähnungen verdankt sie der Tatsache, daß das Schwarze Meer und namentlich dessen Halbinsel Krim für Kaufleute, kriegerische Abenteurer und philosophische Wahrheitssucher sehr lange den eigentlichen Übergang zwischen Morgen- und Abendland abgab.

Durch die Erschütterung, die um 1400 durch die Entfaltung des islamischen Großreichs von Timur entstand, kam der Ahn Stephan »mit viel des Volkes« in das damals noch völlig unbedeutende Fürstentum von Moskau. Dort wurden seine Nachkommen anscheinend noch drei Generationen lang als »ausländische« Prinzen anerkannt und stiegen dann zu Bojaren auf, den Beratern des langsam an Macht gewinnenden Staates. Die Auffassungen von der Welt trennten sich unter ihnen: Theodor Golowin (1650 bis 1706) unterstützte den jungen Zaren Peter mit seinen Kenntnissen der verschiedenen Rassen darin, aus einem Untertanenvogt der tatarischen Fürsten der Krim zum Kaiser aller Völker bis nach Mandschu-China hinein zu werden. Luka Golowin und seine Verwandten im Gebiet von Tula hielten zum konservativen Heer der »Streltzy« (Schützen). Sie betrachteten den zentralistischen Beamtenstaat Peters mit Mißtrauen, lebten meistens auf dem Lande, und glaubten an die alte Tradition.

Die Revolution von 1917 bis 1921, während der mein Vater Rußland verließ, war für ihn nur eine Folge des Versuchs des Kaisers Peter, alle die östlichen Reiche für die sehr einseitig verstandene westliche Zivilisation zu erschließen: »Wir haben geholfen, nach dem abendländischen Westen ein Fenster durchzuschlagen«, sagte mein Vater, dabei auf den erwähnten Theodor anspielend, »und nun wurden wir durch dieses Fenster hinausgeschmissen.«

Mein Vater fand Asyl in Paris, wo er staatenlos und arm genug lebte, und wo ich ihn, zusammengerechnet etwa vier Jahre, 1945 bis 1965 dauernd besuchte. Er und ein bedeutender Teil der Flüchtlinge, von denen Hunderttausende in der Riesenstadt ihre Zuflucht suchten, bestätigten mir die volkskundliche Erfahrung: Menschen, die ihre sichtbare Heimat verlieren, erschaffen sich ihr Reich im Geist; sie hängen viel mehr an ursprünglichen Überlieferungen, Bräuchen, religiösen Auffassungen, als ihre Eltern in verhältnismäßig geordneten Verhältnissen.

Mein Vater war ein Anhänger der Ostkirche, des byzantinischen Christentums, wobei er nicht wenig stolz war, daß Nordrußland diese Religion im 10. Jahrhundert gerade über den Raum des Schwarzen Meeres und der Krim erhalten hatte. Er betrachtete es aber als eine große Erbschaft, zu wissen, daß unsere Vorfahren und ihre Verwandten in den zahllosen Grenzreichen ebenfalls, auch während ihrer militärischen, diplomatischen und wissenschaftlichen Beschäftigungen in Moskau, Sibirien und im Kaukasus, andern Religionen nahe gestanden waren: dem Islam, dem chazarischen Judentum (das gerade in der Krim überlebte!), buddhistischen und schamanistischen Stämmen.

Trotz der Armut der Flüchtlinge feierte man rauschende Feste mit Tataren- und Kosakenmusik. Wegen der alten Beziehung zu Sippen ganz verschiedener Tradition lernte ich Menschen von teilweise anderer Herkunft verstehen und begriff die alte Familienweisheit, »daß der Mensch im Wachen eine Maske tragen kann, nicht aber in seinem Traum«. Sogar sagenhafte Männer, wie all die angeführten Stephan, Luka und Theodor, sollen nicht zuletzt durch ihre Kenntnisse der verschiedenen, im Osten so verwirrend durcheinander lebenden Kulturen und der Deutung von deren Sinnbildern ihren Einfluß an mächtigen Fürstenhöfen besessen haben.

Der Traum wurde sonst im Abendland meistens als eine Welt betrachtet, die »der Welt der Tat und des aktiven Handelns« widersprach – ich lernte von meinem Vater nun das Gegenteil. Von meiner Großmutter lernte ich: »Wer Macht hat und gleichzeitig wegen schlechtem Gewissen Alpdrücke, ist unglücklich, wer arm ist und schöne Träume hat, der ist ein Glückspilz. Der erstere wird an der Seele erkranken und nicht fähig sein, gute Nachkommen zu haben. Der andere wird an innerer Kraft gewinnen, und zumindest seine Erben werden auch das äußere Glück wiederfinden«. Mein Vater wurde mir zu einer Bestätigung für diese Lehre: Weil er in seiner Überlieferung die festen Wurzeln besaß, fiel er nicht auf irgendwelche materiell sehr lockenden Angebote von Faschisten oder Stalinisten herein, die ihn und seine Familiensagen während und nach dem Weltkrieg 1939 bis 1945 für ihre Machtpläne gewinnen und mißbrauchen wollten.

Im Kreis um meinen Vater verkehrten auch etliche Zigeuner, die man, von Krim, Ukraine und Tula her und wegen den Nomadenverwandtschaften nach Familiensagen, fast wie eine Art Brüder und Schwestern ansah. Auch mein Vater war überzeugt, daß ihre Traditionen Lehren enthielten, die die seßhaften Menschen zumindest teilweise eingebüßt hatten – und die aber gerade für rechtlose Flüchtlinge besonders wichtig sein könnten. Da ich im übrigen in der Schweiz, dem Heimatland meiner Mutter, zum Bibliothekar heimat- und volkskundlicher Richtung ausgebildet wurde, begann ich, in diesem Kreis die erhaltenen Traumlehren des Ostens aufzuschreiben.

Mochten dort alle die Russen, Ukrainer, Tataren, Zigeuner, frommen Chassiden auch mehrheitlich arm sein, weil sie ihren Weltbildern anhingen und die materialistische, technologische Zivilisation ablehnten: sie waren in für sie unvorstellbaren Ausmaßen die Anreger ihrer Umwelt. In den Wirtschaften von Paris erlebte ich Dali, Picasso, Sartre, Cocteau, und ich vernahm in deren Kreisen, wie viel alle die modernen Kunstrichtungen, vom Dadaismus bis zum Surrealismus, vom Ballett bis zu den Schulen der Psychoanalyse, diesen Flüchtlingen verdankten, für die die Sagen und Träume noch die tiefsten Ahnungen enthielten.

Während meiner kurzen Begegnung mit dem Dichter Jean Cocteau (1956) hörte ich von ihm, wie richtig es sei, daß die Franzosen zu dieser ganzen seltsamen Welt, in der ich lebte, Bohème sagen – ein Wort, das ihnen ebenso östliche Flüchtlinge bedeutet wie Zigeunertum und Künstlertum: »In der Bohème-Welt spülen die Wellen der Kriege die Reste der alten Kulturen zusammen, und hier entsteht aus ihnen das Neue.«

Fenster zu den Ahnen

Bei den Flüchtlingen, die meine Verwandten oder deren Freunde waren, erlebte ich die bewundernswürdige und uralte Kunst des Menschen, in seinen Träumen zu überleben. Dies ist keine Redewendung, sondern eine für Außenstehende unverständliche Wirklichkeit.

In den zerfallenden Wohnungen der Abbruchhäuser, in nur mühsam geheizten Bretterhütten der schmutzigen Pariser Vororte, in Wohnwagen neben Bergen von Abfällen – überall sah ich die »heiligen Ecken«. Vor den Bildern von Gott, der Gottesmutter, dem Drachenbesieger Georg, den Antlitzen von Vorfahren brannten, stets sorgfältig von Frauen angezündet, die ewigen Öllämpchen. Auch in meinem Schlafzimmer, das ich als Kind immer mit Verwandten teilte, hatte immer ein solches geglitzert. Ich habe es später ganz ähnlich in den armseligen Räumen von Menschen aus den verschiedensten osteuropäischen Stämmen zwischen Paris und Kalifornien gesehen.

»Wenn ein solches Licht brennt«, sagte mir meine Großmutter, »dann kann dir nichts zustoßen. Du weißt dann, daß das, was du vor deinem Einschlafen siehst, auch alle deine Vorfahren, und lebten sie auch vor mehr als einem Jahrtausend, vor ihrem Einschlafen sahen. Immer sahen sie, beschienen vom bescheidenen Lichtschimmer, in der heiligen Ecke das gleiche – die Bilder ihres Gottes und ihrer Vorfahren, die sie in der Nacht beschützten. Wenn du, genau wie sie in ihren Zeiten, einschläfst, dann weißt du darum, daß alles gut und in allerbester Ordnung ist. Die Ahnen schicken dir die Träume, die sie schon hatten, und die dir Kraft und Mut für den nächsten Tag schenken.«

Daß unsere Vorfahren im Durcheinander der Stämme in Rußland und namentlich auch in dessen ukrainischem Süden, aus dem meine Großmutter stammte, kaum alle »dieses ganze Jahrtausend lang« die gleiche Religion hatten, wußte sie selbstverständlich so gut wie ein Geschichtsschreiber.

Von ihr vernahm ich, obwohl sie selbst die fleißigste Besucherin der kleinen, griechisch-orthodoxen Kirche für Flüchtlinge war, einige meiner genauesten Kenntnisse über die urheidnischen Bräuche um sämtliche Festtage. (»Tausend Jahre« oder genauer, »tausend und ein Jahr«, pflegte sie nun einmal zu sagen, wenn sie eine ewig lange Zeit bezeichnen wollte.)

Im übrigen war sie, obwohl sie noch in meiner frühesten Jugendzeit starb und ich sie darum heute nicht befragen kann, sicher der gleichen Ansicht wie eine alte russische Zigeunerin, die ich dank meinem Vater in einem Vorort von Lyon besuchen durfte: »Ich weiß, daß unser Stamm im letzten Jahrhundert mit den verschiedensten Völkern zusammengelebt hat. Du wirst auch in den heiligen Ecken von Verwandten, die heute in den entferntesten Orten von Frankreich wohnen und doch zusammenhalten, als würden sie noch im gleichen Wagenlager hausen, die Bilder von heiligen Männern und Frauen finden, die aus all den Ländern stammen, die wir durchzogen. Warum soll man sie auch nicht alle ehren, unabhängig, ob sie römisch-katholisch, russisch oder griechisch sind? Das fromme Volk zog zu ihnen, in den Gegenden, die wir durchzogen, zu ihren geweihten Kirchen, Quellen oder Wäldern, und da haben unsere Eltern sie auch angerufen, wenn sie gerade Schwierigkeiten hatten. Unsere Urgroßväter und Urgroßmütter, die noch in weiter östlichen Gebieten lebten, hatten in ihrer heiligen Ecke auch einen Koran der Türken liegen, einen siebenarmigen Leuchter der Juden oder auch die Burchane der Heiden.« (Letzteres bedeutet in Rußland vor allem die buddhistischen Darstellungen bei verschiedenen Nomadenstämmen an der Wolga.) Die Zigeunerin verriet mir auch: »Unser Volk hat aber nie seine Religion gewechselt, wie es die Narren meinen. Es hat immer Gott und seine göttlichen Kräfte angerufen, wie seine Vorfahren in den fernsten Vergangenheiten, auch wenn sie diesem Glauben in verschiedenen Zeiten oder Reichen, entsprechend den damaligen oder dortigen Gegebenheiten, verschiedene Namen gaben –, jede Gegend hat nun einmal ihr Gesetz.«

Gerade in den vierziger Jahren fand ich darum bei den Fahrenden und Halbfahrenden von Westeuropa, die freilich »auf die Fahrten ihrer Ahnen im Morgenland« maßlos stolz waren, eine verspielte Freude beim Schmuck ihrer »heiligen Ecken«. In den paar kleinen und halbdunkeln Fachgeschäften für okkulte Uberlieferungen, die es damals in Paris gab und die gerade von Flüchtlingen überlaufen wurden, kauften sie sogar die bunten Bilder der indischen Gottheiten. Ohne deswegen aufzuhören, vordergründig römisch- oder griechisch-katholische Kirchengänger und Besucher von heiligen Orten wie Lourdes oder Fatima zu sein, stellten sie diese Darstellungen neben die christlichen Heiligen.

Manches mag bei diesem Brauch zusammengeflossen sein: Vielleicht die erwähnte Sage gewisser Sippen, nach der ihre Vorfahren im russisch-sibirischen Raum auch die dortigen, soeben erwähnten Burchane verehrten; dann die Sage über die Herkunft ihrer Stämme aus dem indischen Kulturraum, ob sie diese Überlieferung (wie sie gelegentlich behaupteten!) tatsächlich in ihrem Nomadenleben bewahrt hatten oder sie aus den volkstümlichen Büchern über die frühgeschichtlichen Völkerwanderungen entnahmen, von denen es gerade in den okkulten Buchläden von Paris unzählige gab.

Mit den orientalischen Darstellungen wurde auf alle Fälle weniger ehrfürchtig, man kann aber auch sagen liebevoller, umgesprungen als mit den europäischen Heiligenbildern. Man bestreute und beklebte sie mit allerlei billigem Glitzerzeug, so daß sie im Glanz der ewigen Nachtlämpchen einen echten Schein verbreiteten. Hier vernahm ich dann auch eine zusätzliche Erklärung der Worte meiner Großmutter, die mir als Kind versicherte, warum aus der »Himmelsecke«, und auch von den dort hängenden Bildern der unmittelbaren Ahnen her, »immer gute Träume kommen«: »Ikoni okni«, lautete ihr Wortspiel, also »Heiligenbilder sind Fenster« — zum Ewigen.

Nach der gleichen klugen Zigeunerin, von der ich soeben erzählte, beeinflussen die »heiligen« Bilder, die in der Nacht allein im Dunkel schwach leuchten, den Schläfer. Es ist gleich, was in der Ecke hängt, versilberte oder vergoldete Ikonen, auf die geschilderte Art glitzernd gemachte Darstellungen aus fernen orientalischen Märchenreichen, alte Photographien von Landschaften, »in denen die Vorfahren glücklich waren« – und die die Fahrenden gern Geschlechter hindurch mit sich führen und die sie, »damit sie aus dem Dunkel hervorleuchten«, ebenfalls sehr gern ausmalen.

Alle diese Gegenstände, die der ganzen Sippe und auch ihren in der Regel sehr nah verwandten Gästen »heilig« sind, werden von allen Bewohnern einer solchen Behausung Tag um Tag hundertfach gesehen. Jede Einzelheit auf ihnen ist dem »in ihrem Schutz« heranwachsenden Kind durch unzählige Geschichten vertraut: Vom bärtigen Urgroßvater auf dem Photo kennt es, auch wenn es ihn nie mit eigenen Augen gesehen hat, Abenteuer ohne Ende. Von der bulgarischen Landschaft daneben, über der eine rot hineingemalte Sonne aufgeht, weiß es, daß sich in ihr mehrere Geschlechter der Ahnen bewährten, trotz aller Schwierigkeiten überlebten, heirateten, die unmittelbaren Eltern erzeugten.

»Es ist richtig, daß in der Nacht das Licht des ewigen Öllämpchens auf diese Dinge fällt«, sagte mir die Großmutter, und es war dies eine grundlegende Weisheit der klugen Frauen im Osten, »sie verkörpern den Glauben, das Beste in den Ahnen, sie wachen über dir im Traum, wie die Sterne Gottes.« Wie durch ein Fenster verkehre darum in der Nacht die Himmlische Kraft (sila nebesnaja) mit dem Menschen, es sei das gleiche, wie es im Traum nach der Bibel der Urvater Jakob sah, als er die Treppe schaute, auf der die Engel zu ihm niederstiegen.

Die Weise Frau aus der fahrenden Familie, bei der ich eine besonders schöne Sammlung der geweihten Gegenstände in der heiligen Ecke erblickte, behauptete: »Die Bilder an der Wand werden durch das ewige Lichtlein, vielleicht auch den Mond- oder Sternenschein, den man in gewissen Nächten ganz bewußt darauf fallen läßt, lebendig. Man sieht dann die Gottesmutter oder die Heiligen im Traum, genau wie sie schon die Vorfahren im Traum sahen. Auch die Landschaften auf den Photos oder den Zeichnungen, in denen die Ahnen wanderten, selbstverständlich auch das Himmelreich, wie wir es auf den heiligen Ikonen sehen, werden zu Eingängen in echte Traumreiche. So redet der Schlafende mit den Engeln und den verstorbenen Angehörigen der Sippe, deren Stimmen unsere inneren Sinne am Tage nicht vernehmen können, weil dann der Lärm und die Aufregungen zu groß sind. Manchmal, und dies ist eine Gnade, die nur besonderen Menschen mit einem guten Gewissen zustoßen kann, sagen die Alten den schlafenden Lebenden mit klaren, eindeutigen Worten, was sie von ihnen wollen. Meistens zeigen sie ihnen aber Zeichen und seltsame Geschehnisse, die aber dem Kenner – wenn er nur zusammen mit klugen Leuten gründlich über sie nachdenkt – deutlich weisen, was man im Wachen künftig besser tun soll und was man so alles künftig erwarten darf...«

In der Welt dieser Flüchtlinge und Fahrenden beschäftigte man sich nicht weniger mit Traumbüchern als in den Familien von Weltreisenden mit Bänden zur Erdkunde oder geographischen Karten. Gerade bei Zigeunern aus Osteuropa erkannte ich, daß eine »reine Überlieferung« bei Stämmen, die im Chaos unseres Jahrhunderts wohl fast in jeder Generation ihr Wohnland wechseln müssen, unauffindbar ist. Die Menschen, bei denen ich mir die einzelnen Traumsymbole aufschrieb, beriefen sich auf eigene Traditionen von Großeltern her und fragten auch, wenn sie mit ihren Deutungen nicht weiterwußten, sehr sorgfältig bei bejahrten Sippenangehörigen nach. Daneben zogen sie aber eher billige Drucke von russischen, rumänischen, griechischen Traumbüchern, noch aus der Zeit der Jahrhundertwende, hervor oder auch ganz neue französische Veröffentlichungen, wie sie in den erwähnten okkulten Buchläden von Paris, Lyon oder Marseille zu haben waren.

Es gebe eben nur eine Traumwissenschaft, wurde mir stets erklärt; man müsse alle verschiedenen Quellen vergleichen, wenn man die richtigen Hinweise finden wolle. Im übrigen, dies vernahm ich besonders von echten Fahrenden, hätten ja gerade ihre Ahnen die

Kunst der Deutungen »aus den asiatischen Bergen, in denen alle Flüsse ihren Ursprung haben, hierhergebracht«, ans Schwarze Meer, nach Syrien, in die Türkei, nach Rußland, auf den Balkan. Sie dürften darum seelenruhig all die vielen Traumschriften der Christen und Mohammedaner benützen – schließlich hätten wiederum deren Verfasser an den Lagerfeuern ihrer Vorfahren gelernt...

Auch müßte jeder seine eigenen Sinnbilder finden und auswählen, da sie nicht ganz für alle Menschen die gleichen seien, da jede Sippe, jeder Stamm auf seinen Wanderungen durch die Welt andere Dinge erlebt habe: Das Schwein bedeute für die Menschen, die es an Festtagen essen, im Traum nicht genau das gleiche wie für die, die es für ganz unrein halten. Das edle Roß ist den einen heilig und den andern ein Nahrungsmittel usw.

Wenn ich dann aus der noch lebendigen Zauberwelt des Traumglaubens in der Bohème um meinen Vater in das Alpenland Schweiz zurückkehrte, fand ich überall Reste der verwandten Einstellung, wenn auch hier die moderne technologische Zivilisation eine wesensverwandte Kultur schon lange beseitigt hatte. Hatte auch die Reformation schon im 16. Jahrhundert den »heidnisch-katholischen Bilderdienst« auf dem Lande verfemt, so hießen in der Mundart überhaupt alle Bilder noch immer »Helgen«, also Heiligenbilder: »Andere Bilder als von Dingen, die man für heilig ansieht, sollte man überhaupt nicht haben«, erklärte ein alter Bauer von Heimiswil bei Burgdorf, wo ich Bibliothekar war. Er wußte, daß man, »gar nicht so lange her«, gerne die Stiche und Malereien von sagenhaften und geschichtlichen »Landeshelden« an den Wänden hatte, wie Wilhelm Tell oder Ritter Adrian von Bubenberg. Den Kindern wurde versichert, sie könnten gar nicht schwere Träume haben, da sie von diesen großen Ahnen beschützt würden.

Die große Überlieferung

Alte und neue Traumbücher sind voll von Hinweisen auf die Bemühungen ihrer in der Regel ungenannten Verfasser, den ursprünglichen Sinn der im Schlaf auftretenden Sinnbilder besonders zuverlässig zu erklären. Dann heißt es etwa: »Im vorliegenden Buch sind aus den bewährten Quellen der Ägypter, Araber, Griechen, Perser, Römer, Inder usw. die wichtigsten Traumdeutungen in möglichster Vollständigkeit alphabetisch geordnet zusammengetragen.«[1]

Die Traumdeuter, die solches niederschreiben, wollen aber damit ihren vertrauensvollen Lesern nicht etwa ein von ihnen künstlich zusammengetragenes Sammelsurium vorsetzen. Sie glauben fest, wie wir es bereits feststellten, eine Wissenschaft verständlicher zu machen, die einmal eine gewaltige Einheit bildete. Die Traumdeutung gilt ihnen in der Regel »als Besitz des Urvolks, das noch einen heiligen Alltag führte und darum mit Gott und seinen Engeln reden durfte«. (Ähnlich glauben es die Traumdeuter der schamanistischen, hinduistischen und buddhistischen Stämme, nur daß sie im Gegensatz zu Juden, Mohammedanern und Christen an Stelle der Engel die unteren Götter, etwa Tengri oder Devas, setzen.)[2]

Dieses »ursprüngliche Wissen« sei dann in den einzelnen geschichtlichen Zivilisationen halbwegs vergessen oder entstellt worden – wir können es, den Traumdeutern nach, nur dann besser verstehen, wenn wir die Überlieferungen aus verschiedenen Quellen miteinander vergleichen. Zuletzt wurden solche Überzeugungen noch von den Gelehrten und Dichtern der Romantik geteilt: Graf

Otto Heinrich von Loeben, darin besonders durch das mystische Werk von Novalis angeregt, war überzeugt, daß die »hohen Eigenschaften der Vorzeit« bei den einzelnen Völkern »teils in Übel umgekehrt, teils in seltsamer Vereinzelung« vorhanden seien. Bei den Arabern fand er von der ursprünglichen Kultur noch »das alte Hirtenleben«, wie es schließlich auch in den ältesten Abschnitten der Bibel geschildert werde. In Persien lebe davon, wohlverstanden, Loeben schreibt in der ersten Hälfte des 19. Jahrhunderts, »die Fülle der Dichtung«; bei den Türken Beschaulichkeit; bei den Chinesen »Ehrfurcht für den früheren Zustand der Dinge«. In seiner Heimat, also im »freudenärmeren Nordischen«, sah der romantische Forscher eine »stillere, sanftere, frömmere Innigkeit« erhalten. Diese Seelenhaltung versuchte er, genau wie seine damaligen Gesinnungsgenossen, zu pflegen und dank ihr einen Zugang zum Verständnis der ursprünglichen Gaben des Urvolks zu finden.[3]

Der Traum, nicht weniger häufig der Schauplatz der romantischen Dichtung, erschien in jener schöpferischen Zeit als ein Mittel, »Erinnerungen« oder »Ahnungen« von der gepriesenen »Vorzeit« zu erhalten. Ein besseres Wissen um die Lehren der Traumdeutung bei den Stämmen der verschiedenen Räume und Zeiten wird uns künftig tatsächlich zumindest helfen, ein besseres Bild über die Bewegung der vorgeschichtlichen Kulturen über den Erdball zu gewinnen.

Mein Vater vernahm von »französischen« Zigeunern, freilich noch in unserem Jahrhundert aus Ungarn, Rumänien und der Ukraine eingewandert, die Geschichte, nach der »ihre Weisen Frauen und auch die männlichen Heiler, wenn sie ratlos sind, im Traum zu den Bergen im Osten wandern können«. Dort, in hohen Burgen, leben die Alten, die Ahnen, »von denen die weisen Träume kommen, und die alles wissen was war, was ist und was sein wird«.

»Von ihnen (den Ahnen) kann man klaren Aufschluß und Rat in allen Lebenslagen erhalten, zumindest, wenn man sich am Abend vorher nicht überfrißt und gut denkt und nicht nur sich selbst, sondern allen seinen Angehörigen helfen will!« Diese mir freilich etwas undeutlich erzählte Vorstellung scheint dem in der Zigeunerforschung bekannten Glauben um die eigenartigen Feen und Hexen, die »Keshali«, zu entsprechen. Deren Name stammt von kesh – Seide und bedeutet also eigentlich die Seidenen. Ihr langes Haar soll nämlich seidenweich sein. Sie überwintern in Höhlen, und wenn der Kuckuck ruft, wissen die Zigeuner, daß sie bald erwachen und zu wirken beginnen. Ihre Königin, Ana, hat ihren Traumpalast hoch oben im Gebirge, nach einer Vorstellung »am Ufer des Schwarzen Meeres«.[4]

Dies scheint die Ahnung von Sigmund Freud zu bestätigen, nach der »der Traum eine nicht zu verachtende Quelle der menschlichen Vorgeschichte« sein kann.[5] Der Traum kann nach einer solchen Auffassung »Inhalte zum Vorschein« bringen, »die weder aus dem reifen Leib-Leben noch aus der vergessenen Kindheit des Träumers stammen können. Wir sind genötigt, sie als Teil der archaischen Erbschaft des Träumers anzusehen, die das Kind, durch das Erleben der Ahnen beeinflußt, vor jeder eigenen Erfahrung mit sich auf die Welt bringt.« Hier können also in der Bilderwelt des Schläfers Vorgänge auftauchen, Bilder aufsteigen, zu denen wir höchstens »in den ältesten Sagen der Menschheit und in ihren überlebenden Gebräuchen« die Entsprechungen finden.[5]

Armin Beeli (Luzern) faßt die entsprechenden Forschungen der Schule des neuzeitlichen Seelenforschers Szondi zusammen: »Die Lebensläufe und Schicksale meiner Ahnen sind mit ihrem Tod nicht einfach beendet und begraben – etwas von den Kräften und Lebensmustern, die ihr Leben prägten, lebt in mir weiter, drängt zum Wieder- und Weiterleben, ohne daß ich mir dessen bewußt zu sein brauche.«[6] Solche Auffassungen, die unter modernen Psychotherapeuten immer mehr in den Vordergrund der Betrachtungen treten, entsprechen den tröstenden Lehren der Pariser Wahrsager, die ich am Ende des Zweiten Weltkrieges so sehr geglaubt fand: Geschlechter, die ursprünglich eine große Bedeutung und hohe Stellung besaßen, werden leicht übermütig und gleichgültig gegenüber ihren ursprünglichen Überlieferungen und Tugenden, denen sie ihre glückliche Lage verdanken.

Wenn sie dann darauf in äußere Not sinken, »weil das Rad des Schicksals sich nun einmal immer dreht«, dann sind sie zur Rückbesinnung gezwungen. Sie erinnern sich von neuem an die Stimme ihrer Ahnen, die sich auch nach den modernen Stadtnomaden genau in den gleichen Dingen äußert, wie sie auch Sigmund Freud zusammenfaßte: In heiligen Träumen, in den Sagen von den Taten der Vorfahren und in den Bräuchen, die noch von den großen Alten herkommen.[7]

Die europäischen Traumbücher, die ich einsehen durfte, und die vor allem aus dem 18. und 19. Jahrhundert stammen, verweisen in ihren Vorworten fast gleichermaßen auf die Zeugnisse der griechischen Schriftsteller und der Bibel. Hier finden sie die den damaligen Gebildeten auch in ihrem genauen Wortlaut bekannten Bestätigungen für die uralte Herkunft ihrer Weisheiten.

Seit dem Beginn des christlichen Mittelalters beschäftigen beiderlei im Abendland leicht zugängliche Quellen zur Vorgeschichte der Völker jedermann. Beide Überlieferungen hatten das Gemeinsame, daß sie die Geschichte von über einem Jahrtausend vor unserer Zeitrechnung und gleichzeitig in riesigen Räumen zusammenzufassen versuchten.

An beiden Orten sehen wir Großfamilien und Stämme, die homerischen Hellenen oder die Nachkommen Abrahams, sich mit älteren Zivilisationen auseinandersetzen und sich trotz allen Abenteuern gegen sie behaupten. Die ursprünglichen Juden durchziehen die Großreiche von Babylon und Ägypten; die Griechen haben als Schauplatz ihrer ältesten Taten große Teile vom Mittelmeer, Schwarzen Meer, Kleinasien.

Mögen nun Griechen und Juden nachträglich, was Macht und Reichtum angeht, bedeutende Höhepunkte ihrer Zivilisationen erklommen haben, stets betrachteten ihre Weisen die verherrlichte Frühzeit als ihren eigentlichen Glanz: als die Vorfahren noch einfach, aber unternehmungslustig und darum stets unbesiegbar, in kleinen Sippen lebten; als sie dem Göttlichen so nahe standen, daß sie von diesem unmittelbar guten Rat in ihren Angelegenheiten vernehmen durften.

Griechen und Juden haben am Anfang unserer Zeitrechnung ein bedeutendes Schrifttum zur Traumdeutung hervorgebracht, das sehr stark auf den Geist des beginnenden Mittelalters einwirken sollte. Die gelehrten Erforscher des Schlafs, die in beiderlei Sprachen schrieben, scheinen aber gleichermaßen überzeugt, daß die Ahnungen, wie sie die Menschen ihrer Umgebung hatten, kaum die Kraft von denen ihrer Vorfahren erreichten – der Stammväter der Bibel oder der stolzen Geschlechter der Helden in den unsterblichen Werken Homers.

Auch in diesen letzteren Dichtungen, die über ein Jahrtausend die Vorstellungswelt der Griechen zu einer Einheit verschmolzen, stammt der Traum geradezu von Gott.[8] Die Unsterblichen, von den Hellenen noch gern als die Ahnen ihrer Fürstengeschlechter verstanden, regen die Menschen fortlaufend zu ihren Taten an, oder sie warnen sie vor Schwierigkeiten, die, zumindest in unmittelbarer Zukunft, nicht zu überwinden sind: »In der Regel treten die homerischen Götter...im Traume selbst auf...«[8] Selbstverständlich nehmen sie dabei gern Masken an oder lassen sinnbildliche Vorgänge vor den inneren Augen des Träumers auftauchen: »So zeigt sich zum Beispiel die Göttin Athene der Nausikaa im Traum in der Gestalt ihrer liebsten Freundin, um sie aufzufordern, ›wenn eben der Tag graut‹ zum Waschen an den Strand hinunter zu fahren, wo sie den schiffbrüchigen Odysseus aufnehmen soll.«[8] Ein Priester der homerischen Griechen mußte also, um einen Einfluß auf seine Zeitgenossen zu besitzen, einige Fähigkeiten und Erfahrungen als Seher und Traumdeuter besitzen.

In der Bibel gibt es sehr zahlreiche wichtige Gespräche der auserwählten Menschen mit ihrem Gott, die ausdrücklich als Träume bezeichnet werden. Berühmt ist das entsprechende Gesicht Jakobs, in dem er »die Boten Gottes« auf einer Leiter auf- und niedersteigen sieht und ihm Gott die wachsende Größe seiner Familie zusichert – der Ort des Erlebnisses hieß von da an Beth-El, also Haus Gottes.[9] In einem Traum sichert Gott dem König Salomo Weisheit, Reichtum und Ruhm zu, in einem andern die Festigkeit seines Throns für ihn und sein Geschlecht. Gott sagt zu Aaron und Miryam: »Wenn euer Prophet ist (ein Prophet) von Jahwe, werde ich mich ihm zu erkennen geben durch das Gesicht, im Traum rede ich mit ihm...«[9]

Die Bibel erzählt sogar von besonders als Träumer und Traumdeuter begabten Menschen wie Jakob und Daniel, die nicht nur von ihren Angehörigen wegen ihren entsprechenden Begabungen anerkannt werden, sondern sogar von den andersgläubigen Herrschern der verschiedenen orientalischen Reiche. Dies setzt selbstverständlich eine ähnliche Hochschätzung der Nachtgesichte in den verschiedenen mit einander eng verbundenen Kulturen des alten Morgenlandes voraus.[10] Gleichzeitig haben wir hier einen weiteren Hinweis, daß man zu allen Zeiten Stämmen mit ursprünglicher Lebensweise und alten Überlieferungen auf dem Gebiet der Wahrträume stets besondere Kenntnisse zutraute. Die heutigen Zigeuner erklären gelegentlich ihr Wissen auf dem Gebiet der Wahrsagekünste, indem sie behaupten, ihre eigenen Ahnen seien bei ihrer Wanderung von Indien her auch lange Weggefährten der ebenfalls von Ost nach West ziehenden Patriarchen der Bibel gewesen. Jakob und Daniel galten auch unseren einheimischen Deutern in ganz Europa »als Verfasser der ältesten Traumbücher«.[11]

Die jüdische Überlieferung des Talmud (Berakot) enthält eine Nachricht, nach der im alten Jerusalem 24 Traumdeuter lebten. Der Rabbiner, der dies erzählt, versichert, daß jeder einen Traum anders erklärte, daß sich aber jede Vorhersage erfüllte![12] Es scheint hier das alte Wissen vorhanden, daß selbstverständlich jeder Traumdeuter, genau wie der Träumer, einen eigenen Standpunkt einnimmt.

Ebenfalls im Talmud (Traktat Berakot) heißt es im übrigen sogar: »Rabbi Chisda hat gesagt: Ein Traum, den man nicht deutet, ist wie ein Brief, den man nicht liest.«[13]

Eine französische Zigeunerin, mit der ich einst über ihre Überlieferung reden durfte, verband durch ein tiefsinniges Wortspiel ihr »Reisen«, französisch »voyager«, also ihre angestammte nomadische Lebensweise, mit ihrer Bezeichnung als Seherin, Wahrsagerin, französisch »Voyante«: Es ist hier selbstverständlich beizufügen, daß »Voyageurs«, also Reisende, sogar recht häufig vom »Fahrenden Volk« in Westeuropa als Selbstbezeichnung genommen wird – unabhängig davon, zu welchen Stämmen oder Sippen sie sich sonst voller Ahnenstolz zählen.[14]

Ein ganz ähnliches Gefühl hatte man anscheinend auch im deutschen Sprachgebiet zwischen Alpen und Nordsee. Das »Fahren« in der Bezeichnung des »Fahrenden Volkes«, zu dem man neu eingewanderte Zigeuner ebenso zählte wie einheimische Spielleute, Schausteller und alle die Flüchtlinge aus oft unbekannten Reichen, erklärte man nicht nur aus dem Wort »Fahren« für Reisen, auf Nomadenart leben. »Fahren« erinnerte noch häufig an das nächtliche Ausfahren, also an die Seelenflüge oder -reisen, die man auch den Weisen Frauen, den Hexen, zuschrieb.[15] Es war die Fähigkeit, die man bei den im Lande umherziehenden Stämmen besonders verbreitet glaubte, »in der Nacht und im Schlaf weit herumzuwandern und den andern, den seßhaften, den festgefahrenen Menschen, sonst verborgene Dinge zu schauen«. Es war dies der Grund, warum man einst jedem Vertreter des Fahrenden Volkes, sicher irrtümlich genug, den unbeschränkten Besitz der »Zigeuner-Künste«, also die Fähigkeit des Wahrsagens auf allen Gebieten, zuschrieb!

Dieser Glaube hat sich bis in die Gegenwart erhalten. In den ausgehenden siebziger Jahren wurde ich in einer schweizerischen Gemeinde zum Zeugen, wie eine Zigeunerfamilie mit den Behörden Streit bekam und weggewiesen werden sollte. Die Angelegenheit kam in die Zeitungen und hatte bald zumindest eine unmittelbare Folge...

Etwas verwundert und ratlos erhielt die Sippe auf ihrem vorübergehenden Rastplatz vom Postboten täglich eine Handvoll

Briefe. Es waren nicht Hilfsangebote, sondern im Gegenteil oft geradezu verzweifelte – Hilfegesuche. Sogar aus dem Ausland baten Menschen um Zukunftsdeutungen in schwierigen Lagen, teilweise mit dem Beifügen der Worte, »Das Geld spielt hier keine Rolle«.

Bei den Flüchtlingen nach Kriegen und Revolutionen, mögen sie vorher auch lange genug in Herrenhäusern oder Schlössern gewohnt haben, findet sich nun tatsächlich eine allgemeine Annäherung an die »echten« Nomadenstämme. Ein moderner Psychologe stellt sogar zum Auftreten von »paranormalen Erlebnissen« fest: »Wenn man keine Wurzeln geschlagen hat oder seine Wurzeln ausreißt, wenn man also veränderlich und unvorhersehbar geblieben ist wie das Fahrende Volk, die Dadaisten, die nomadisierenden Stämme, dann begegnet man auch häufiger und intensiver diesen ebenso unvorhersehbaren und seltsamen paranormalen Phänomenen.«[16] Ein kluger alter Jude, den ich ebenfalls in den Hinterhöfen der östlichen Flüchtlinge in Paris kennenlernte, vertrat sogar auf der Grundlage der Bibel und der talmudischen Sagen die Überzeugung, daß die Stämme der Nachkommen Abrahams jedesmal, »wenn sie sich an den Fleischtöpfen Ägyptens«, also im Kreis der mächtigen orientalischen Großstadtzivilisationen, niederließen, ihre Seelenanlage »zu Gesichten und Träumen, die von Gott kommen«, einbüßten.

Das Suchen nach dem Rat in alten oder auch neugedruckten Traumbüchern, wie ich sie noch als Kind in den Slums der Flüchtlinge erlebte, erweist sich damit als der oft verzweifelte Rückgriff auf das Wissen und die geistigen Grundlagen der Vorfahren. Es ist dies also keine »Flucht aus der Wirklichkeit« – sondern eher der Versuch, nach dem scheinbaren Untergang der gewohnten Welt neu in sich selbst den festen Halt der Hoffnung zu finden.

Man hat die Bezeichnung von vielen der neuen (oder auch älteren) Traumbücher, die in unserem Jahrhundert ihre Auferstehung erlebten, oft »als rein exotisch und phantastisch« mißverstanden. Wie aber noch meinem Vater ein tatarischer Deuter von der Krim erklärte, »wollen uns die Traumbücher alle in die Urzeit der Weisen, in Länder nahe den ersten Heimatländern der Stämme, versetzen: Auf den Menschen, besonders wenn er in Not und ratlos ist, wirkt es beruhigend, wenn er vernimmt, daß es fern in der Vergangenheit kluge Ahnen gab, die für alle Zukunft die ewigen Gesetze der Seele verstanden und diese auch niederzuschreiben vermochten. Ist es so, dann ist schließlich auch für uns der Glaube berechtigt, daß jede Verwirrung der Geschichte einen Sinn hat und wir in uns ein verborgenes Wissen haben, das uns, wenn wir nur auf dessen leise Stimme hören, die Möglichkeit schenkt, alle unsere Schwierigkeiten stufenweise zu lösen.«

Wenn beispielsweise Dr. Musallam im unruhigen Deutschland der zwanziger Jahre als »Zauberbibel« ein besonders beliebtes Traumlexikon herausgab, so führte er sein Wissen auf »Nuristan« (also iranisch etwa »Licht-Land«) zurück, »dem vermutlich auch die mittelalterliche Gralssage ihren Ursprung verdankt«.[17] Wenn wir in einem ganz modernen «Achten und neunten Buch Moses« ein »Großes ägyptisches Traumbuch« beigebunden finden, so finden wir auf der Seite vorher »den Feuersegen eines alten egyptischen Königs«. Der gleiche Zauber findet sich aber in den »Egyptischen Geheimnissen des Albertus Magnus«, einem der beliebtesten deutschen Volksbücher überhaupt, mit dem Hinweis, »dieses hat ein christlicher zigeunerischer König aus Egypten erfunden«.[18]

»Egypten« bedeutet hier also, wie dem erwähnten Dr. Musallam sein Lichtland Nuristan, einen märchenhaften Orient, eine Urheimat der Stämme und damit der alten Weisheit. Die Bezeichnung der Traumdeutung als Chaldäer-, Zigeuner-, Egypterkunst, wie man sie etwa noch auf entsprechenden Büchern lesen kann, bedeutete für unser Volk also nicht etwa ihre Zuordnung zu einer bestimmten Rasse oder einem wirklichen Land: Es war dies jedesmal der Hinweis auf eine Urheimat aller Völkerwanderungen, deren Erinnerungen man freilich bei gewissen Stämmen besser erhalten glaubte, die der »ursprünglichen« Weltanschauung und einem aus dieser entstandenen Lebensstil besser die Treue gehalten hatten.

Weisheit des Mittelalters

Während dem Verfall des römischen Weltreichs und der Stadtzivilisationen des Mittelmeerraums, die dem wunderbaren Emporblühen der mittelalterlichen Kulturen vorangehen, gibt es eine unglaubliche Zuwendung der Menschen in Richtung aller magisch-mystischen Lehren. In den ersten Jahrhunderten unserer Zeitrechnung können wir, wenn wir die noch vorhandenen Urkunden vergleichen, ein »Emporschwingen« des Gewerbes der Traumdeutung feststellen. »Aus dem zweiten Jahrhundert nach Christi hören wir, daß dergleichen Leute in Asien, Griechenland und Italien auf den Märkten aller (!) bedeutenden Städte und bei allen (!) großen Festversammlungen zu finden waren.«[1] Es gab offensichtlich Schulen und Wege der Traumdeutung für jeden Geschmack und für jede Bildungsstufe: »Alle Klassen der Gesellschaft nahmen bei Gelegenheit ihre Dienste in Anspruch.«[1]

Griselini ging im 18. Jahrhundert den gleichen Berichten nach und fand in ihnen Hinweise auf sippenweise herumziehende Volksgruppen, für ihre städtische Umwelt geheimnisvolle, ursprüngliche Nomadenstämme – die er bereits mit dem Fahrenden Volk im heutigen Europa zu vergleichen versuchte. Er stellt fest, daß sie »alle die Künste trieben«, in denen unsere Zigeuner »so meisterhaft unterrichtet sind...«[2]

Diese Zunahme der Liebe zu den Träumen, die wir während dem Verfall der römischen Zivilisation und dem Emporblühen der keltisch-germanischen mittelalterlichen Reiche erleben, kann man kaum allein aus den »Moden einer Verfallszeit« oder der »Zunahme des Aberglaubens während gesellschaftliche Krisen« deuten. Diese Neigung gehört sicher auch zum verzweifelten Suchen nach den seelischen Grundlagen, den Wurzeln des eigenen Wesens, wie wir es am Anfang jeder neuen Kultur feststellen können.

Phantastische Geschichten erfüllen dann in unglaublichen Ausmaßen die Bücher, die über das Mittelalter schreiben: »Unter der Regierung Pippins des Kurzen zeigten sich in Frankreich öffentlich sehr seltsame Erscheinungen. Die Luft war voll menschlicher Gestalten, der Himmel spiegelte Täuschungen von Palästen, Gärten, bewegten Fluten, Schiffen mit windgeblähten Segeln, von Heeren in Schlachtenordnung. Die Atmosphäre glich einem großen Traum.«[3]

Die urorientalische Sage habe wieder ihre Verbreitung gefunden, nach der die Urmenschen, also nach der biblischen Auffassung Adam und Eva im Zeitalter ihres paradiesischen Glücks, dank den von Gott erschaffenen Feenwesen (Sylphen) »einen Tummelplatz von Zauberspielen« besaßen: »Adam und Eva schliefen in Palästen von Perlen und Saphiren, Rosen blühten um sie und breiteten sich als Teppiche unter ihren Füßen, in Perlmuttkähnen wurden sie von Schwänen über das Wasser gezogen, die Vögel plauderten in köstlicher Musik mit ihnen, und die Blumen neigten sich ihnen liebkosend.«[3]

»...Man vermengte sie (die Geschichten dieser Art über die Feenreiche der Ureltern! S. G.) den Träumen, und viele glaubten, von Luftgeistern entführt zu werden. Man sprach nur noch von Reisen in das Land der Luftgeister... Die besten Köpfe werden von diesem Wahn ergriffen...«[3]

Mögen solche Berichte über die magische Welt des Mittelalters von späteren Geschichtsschreibern noch übertrieben worden sein, so zeigen sie uns doch, wie stark für die Ahnen das Zauberspiel ihrer Träume ein Bestandteil ihres Daseins war. Die »Gesichte der Nacht« wurden so lebendig weitererzählt, daß es in vielen, nach und nach entstellten schriftlichen Berichten kaum mehr zu bestimmen ist, wo es nur um die echten Abenteuer ihrer Helden im wirklichen Alltag geht – und wo um deren Traumbilder.

Die grundsätzliche Auffassung des Mittelalters kann man sehr gut mit den Worten des Mystikers Seuse (gestorben 1366) zusammenfassen: »Ein Lehrer spricht, daß die Gegenwart von Engeln etlichen Menschen öfter im Schlaf als im Wachen erscheint, darum, weil der Mensch im Schlafen mehr Ruhe hat vor der Mannigfaltigkeit der äußeren Dinge als im Wachen.«[4]

Eine Bestätigung für diesen Glauben, der das ganze Zeitalter durchdrang, finden wir in den Chroniken und Liedern jener Volksstämme, also in Werken, die uns im Geist durch den verwirrenden Auf- und Abstieg der zahllosen mittelalterlichen Fürstentümer wandern lassen. Ein gutes Beispiel scheint uns etwa die Stretlinger Chronik, entstanden in einem Herzgebiet der Alpen, am malerischen Thunersee im 15. Jahrhundert. Angeblich (oder wirklich) auf der Grundlage heute verschwundener Urkunden will sie aber fast unmittelbar noch mit den römischen Kaisern beginnen und damit einen Schlüssel zur eigentlichen Geschichte der verschiedenen Burgunderreiche darstellen.

Sie beginnt mit einem Gesicht des angeblich ebenfalls aus dem Orient aller Wunder nach Mitteleuropa gezogenen »ägyptischen« Wissenschaftlers Ptolemäus: Sie läßt dann dessen Begabung zu Gesichten und Träumen, die allesamt auf die Gottheit und ihre Engel zurückgeführt werden, durch viele Jahrhunderte bei seinen Nachkommen und Erben auftreten. Bis heute (!) kennt ja die Volkssage des Alpengebiets das Nachtgesicht des burgundischen Königs Rudolf, des Gatten der in gewissen Gegenden als Weise Frau und Heilige geltenden Frau Bertha (oder Berchta) und des Vaters der heiligen Kaiserin Adelheide.[5]

Unabhängig davon, ob solche Geschichten tatsächlich noch aus dem 10. Jahrhundert und aus der Familie ihrer Helden stammen, oder ob sie erst im ausklingenden Mittelalter gedichtet und dann niedergeschrieben wurden, beweisen sie uns eins: Die ganze Fähigkeit, »Träume und Gesichte« zu haben, führte man geradezu auf das Paradies im Morgenland zurück und betrachtete sie als wunderbare Erbschaft unserer Seele von den ältesten Urzeiten her. Sie galt stets geradezu als eine göttliche Gnade, die einer Sippe, die sie anscheinend durch viele Geschlechter besaß, ein hohes Vertrauen des Volkes einbrachte.

Über die Traumlehren, die im Mittelalter das in seinen Märchen und Jahresbräuchen dahinlebende Volk wie dessen gebildete Oberschichten erfüllten, wären Bände zu füllen. Was nachträglich, vor allem seit dem Puritanismus nach Renaissance und Reformation und der mehrheitlich materialistischen Aufklärung folgerichtig verspottet und mißverstanden wurde, muß heute neu gelesen und zeitgemäß verstanden werden.

Manche der damaligen Erkenntnisse, wie sie offenbar zu einer Grundlage der einheimischen Kulturen wurden, stützten sich deutlich auf die kurz erwähnten großen Überlieferungen, wie sie mit den neuen Stämmen der Völkerwanderung aus dem Osten eingewandert waren und nun in den stillen Räumen der Schlösser und Klöster bewahrt wurden. Nach dem Niedergang des hochmittelalterlichen Burgunderreichs (1032) treffen wir die wunderbare Gestalt der heiligen Hildegard von Bingen (1098 bis 1179), die das ganze Zeitalter der Kaiser aus dem Geschlecht der Hohenstaufen beeinflußte.

Auch Menschen, die sich in unserem Jahrhundert wieder mit den Traditionen der einheimischen Weisen Frauen und Heiler beschäftigten, sind überzeugt, daß gerade in den tiefsinnigsten Erzählungen der heiligen Hildegard viel der ursprünglichen Wissenschaft erhalten blieb, als deren Erhalter sich besonders auch die alten Geschlechter im Rheingebiet, im Elsaß, in Lothringen und in der Eidgenossenschaft ansahen. Wolfgang Bauer bemerkt dazu verständnisvoll, aber kritisch: »In ihr – wie öfters angedeutet wird – eine Weise Frau von hohem Rang zu sehen, die sich (als Klosterfrau getarnt) vor Verfolgungen schützte, wäre zwar der handfesten und humorvollen Hildegard ohne weiteres zuzutrauen, scheint aber alles in allem eine phantastische Idee zu sein.«[6]

Anhänger der Auffassung, nach der die Heilige eine Kennerin der echten, nicht zuletzt dank ihrer Tätigkeit lange erhaltenen Wissenschaften des Mittelalters war, verweisen besonders auf ihre Verherrlichung des »Grün« als der alles in dieser Welt durchdringenden Lebenskraft. Ekstatisch pries sie diese, und ihre Anrufung der Energien der Natur hat heute eine Auferstehung gefunden:

»O edelstes Grün, /
du wurzelst in der Sonne,/
strahlst in leuchtender Helle/
in einem Kreislauf,/
den kein irdisches Sinnen begreift:/
Du bist umfangen/
von den Umarmungen/
der Geheimnisse Gottes./
Du schimmerst auf wie Morgenrot,/
du glühst in der Sonne Flammen.«

Die grüne Farbe war nun nach den keltisch-germanischen und andern Sagen besonders den Feen und Weisen Frauen, die man nachträglich wegen ihren Heilwissenschaften als Heiden und Hexen verteufelte, heilig. Wie wir noch besonders feststellen werden, soll man in Traumgesichten, die durch den abendlichen Genuß bestimmter Kräuter entstehen, tatsächlich »alles grün sehen«.[6]

Dies soll auch nach modernen Traumdeutern, die freilich noch immer aus den Lehren ihrer Vorfahren zu schöpfen versuchen, ein »sehr gutes Vorzeichen« sein – ein Hinweis darauf, daß alle Lebenskräfte des Träumers im Zunehmen begriffen seien. Im vielbenutzten Langnauer Traum-Buch bringt beispielsweise der Traum von einer »grünen Heide« »Gewinn und Glück«. Oder ein Gesicht, in dem der Schläfer durch grünes Gras geht, »ein langes Leben«.[7]

Der Urmensch stand nun nach Hildegard von Bingen der schöpferischen Urkraft viel näher und konnte darum die großen Geheimnisse der Religion und der Natur erkennen: »Damals, als Gott den Schlaf auf Adam herabsenkte, sah seine Seele vieles in einer wahrhaft prophetischen Schau, weil sie noch keine Sünde begangen hatte. So könnte auch heute noch die Seele eines schlafenden Menschen im Traum vieles sehen, wenn der Mensch durch die Sünden nicht belastet wäre. Gleichwohl vermag des Menschen Seele, da sie aus Gott stammt, mitunter wahre und zukünftige Dinge zu sehen, dieweil ihr Leib schläft; sie erkennt, was dem Menschen bevorsteht und was manchmal auch eintrifft.«

Selbstverständlich warnte auch die heilige Hildegard: »... oft genug belasten all die Gedankenläufe und Meinungen und Planungen, von denen der wache Mensch (am Abend) beansprucht gewesen ist, ihn noch ins Traumleben hinein ... Waren sie (die Gedanken) jedoch gut und heilig, dann zeigt Gottes Gnade dem Menschen oft einen wahren Traum...«[7]

Der ganze Kreislauf der Kräfte und Säfte des Leibs wird überhaupt nach der großen frommen Naturwissenschaftlerin und Heilkundigen im richtigen Schlaf erneuert: »Jedesmal, wenn der Mensch schläft, erholt sich sein Mark wieder und nimmt zu, und solange er wacht, wird sein Mark etwas verdünnt und geschwächt, so wie der Mond bei seinem Zunehmen wächst und bei seinem Abnehmen schwindet, und wie die Wurzeln der Kräuter im Winter ihre Grünkraft bei sich behalten, um sie im Sommer zur Blüte auszusenden. Wenn daher das Mark des Menschen...durch Wachen erschöpft ist, dann wird der Mensch vom Schlaf überfallen und vermag im Stehen und Sitzen leicht einzuschlafen, weil die Seele in ihm ein Gefühl für das körperliche Bedürfnis hat.«[7]

Wenn dann der Mensch richtig einschläft, beginnt das große Wunder: »Alsdann läßt die Seele mit ihrer gesammelten Kraft sein (des Menschen) Mark wachsen und wieder kräftig werden; durch dieses Mark stärkt sie die Knochen und festigt die Konsistenz des Blutes, auch kocht sie das Gewebe durch und bringt die einzelnen Glieder näher zusammen; dabei erweitert sie auch Weisheit und Wissen des Menschen, während das eigentliche Leben unbewußt bleibt.«[7]

Wenn wir das Weltbild begreifen wollen, aus dem heraus die Traumbücher seit dem Altertum, sozusagen bis ins 19. Jahrhundert hinein, entstanden, müssen wir uns mit der eigentlichen, noch immer im Volke fortlebenden Naturwissenschaft der alten Heiler beschäftigen. Die Welt, den Wechsel der Jahreszeiten, die Entstehung der verschiedenen ausgeprägten Menschentypen, sahen sie als einen Ausdruck der vier verschiedenen Elemente Erde, Wasser, Feuer, Luft.

Jedem dieser Grundelemente ordneten sie nun drei der zwölf Tierkreiszeichen zu. Also der Erde: Stier, Jungfrau, Steinbock; dem Wasser: Krebs, Skorpion, Fische; dem Feuer: Widder, Löwe, Schütze; der Luft: Zwillinge, Waage, Wassermann.

Dem Erdelement entsprach nun im menschlichen Leib die schwarze Galle, die man vom Organ Milz hergestellt sah. Überwog dieser »Lebenssaft« in einem Menschen, so glaubte man ihn »schwarzgallig«, dunkel, melancholisch, »schwarzerdig«. Mit dem Element Wasser brachte man das Phlegma, den Schleim zusammen, mit dem man in der Regel das Gehirn als verbunden ansah. Zur Leber gehörte die »feuerige« gelbe Galle, deren Überwiegen den Menschen leicht entflammbar, eben »feurig«, maßlos aktiv, zornmütig, cholerisch machen sollte. Endlich kam noch das Luftelement, vertreten durch das Herz in unserer Brust und das mit Luft erfüllte Blut. Wog dieses in jemand vor, so glaubte man ihn sanguinisch, also leicht- oder vollblütig, vor allem glücklich befähigt, etwas oberflächlich, luftig, leicht, lustig zu leben und auch andern zu helfen, ihr Dasein nicht zu gallig-schwerblütig einzurichten.

Sich auf die alten Gelehrten stützend, sahen nun die Traum-Bücher unserer unmittelbaren Vergangenheit den menschlichen Leib als eine Art alchimistisches Laboratorium: »Und dieses mag man zum Grunde setzen, daß die Speise, wenn sie verdauet worden, ganz dünne wird, und sich endlich gar in einen Dampf verändert.«[8] Bestandteile der Speisen und Getränke, die wir während des Tages zu uns nehmen, steigen nun, schon ihrer Leichtigkeit wegen, nach oben, sozusagen in den Himmel unserer Körperwelt, also ins Gehirn.

Wie man früher sehr bildhaft schrieb, geht es darum in unserem Schädel »nicht anders zu, als in der großen Welt, und entstehen daraus (also aus den in die Höhe steigenden feinsten oder dampfartigsten Bestandteilen unserer Nahrung! S. G.) gleichsam Wolken... Diese gehen durch den Kreislauf (Circulation) des Geblüts wieder mit zum Herzen. Unterdessen füllen sie den Kopf mehr und mehr an, und machen ihn schwer, daß man in einen tiefen Schlaf sinken muß.«[8]

Der Körper muß also, nach den einstigen Traumärzten, in einen Ruhezustand sinken, aus dem er erst dann aufstehen soll, wenn sich die aufgenommenen »festen« Bestandteile völlig in seinem Kreislauf abgebaut haben und das Notwendige davon für den Haushalt des Leibs verwendet wurde. Schädliche, überflüssige Stoffe, von denen der Leib alles auszog, was er für sein glückliches Gedeihen verwenden kann, werden für eine möglichst rasche Ausscheidung gesammelt. Dem Kopf und dem Hirn strömen dann also von der Verdauung her keine Dämpfe mehr zu: Der innere Himmel (das Hirn) wird damit immer »wolkenloser« und klarer. Das Bewußtsein des Schlafenden fühlt sich damit, wenn alles nach der gott- und naturgewollten Ordnung zugeht, immer schwereloser, leichter, von allen Giften befreiter, so daß er endlich erneuert, frisch, froh, lebensmutig für einen neuen Tag erwachen kann.

Aus diesem Grund sind nach vielen der alten Traumbücher die Gesichter, die man zuerst nach dem Einschlafen sieht, verwirrend, oft gerade drückend und erschreckend. Wenn sich aber die leiblichen Vorgänge der Nacht in Ruhe und Frieden glücklich weiterentwikkeln, ordnen sich die Bilder auf eine erfreuliche Weise. Oder dies in der Sprache eines Kräuterarztes des 17. und 18. Jahrhunderts erzählt: »Des Morgens aber, wenn der grobe und unsaubere Teil des Geblüts von dem reinen und guten geschieden... und ausgegoren hat, so kommen einem ganz lautere und recht ausgemachte (also erfreuliche und vollständige! S. G.) Bilder und angenehme Gesichter vor.«[9]

Die günstige Entwicklung der Träume, von verwirrenden, chaotischen Bilderfolgen zu lustigen und erfreulichen Gesichtern, erscheint also in den Werken der alten Traumwissenschaft als eine wichtige Voraussetzung der täglich notwendigen Erneuerung von Seele und

Leib. Wenn die Entwicklung des Schlafs in der geschilderten günstigen Ordnung stattfindet, so kann sich der gesunde Körper im Fortlauf der Nacht von allen am letzten Tag aufgenommenen Stoffen, genau wie von unangenehmen Erlebnissen, fast vollkommen erholen. Das Hirn wird nun von den »Dämpfen« und »Säften«, die aus dem Reich der Verdauungsorgane nach oben strömen, frei, und ist gleichzeitig nicht von neuen Sinneseindrücken abgelenkt. Scheinbar völlig vergessene Erinnerungen steigen nun aus dem tiefsten Gedächtnis auf, und der Mensch kann nach altem Glauben sogar feine Einflüsse aufnehmen, wie sie etwa von andern Wesen oder sogar von den Sternen her strömen: Dies soll nach den Traumdeutern bewirken, daß sich besonders »in die Bilder des Morgens« auch schöpferische Gedankengänge, Vorahnungen künftiger Ereignisse, »in den Erinnerungen unserer Seele aufbewahrte Erfahrungen ferner Ahnen« mischen können.

Vergessene Medizin

Die Traumdeutung sah sich, wie wir schon aus den vorangehenden Weltbildern der einstigen »Schlaf-Ärzte« feststellen konnten, als eine unsichere, also »unexakte« Wissenschaft. Dies erklärte sie damit, daß die Menschen eben verschieden und darum ihre Wünsche nicht gleich sind. Nur dann kann ein Deuter jemandem, der da zu ihm kommt, dessen »Gesichte der Nacht« einigermaßen richtig erklären, wenn er sein Wesen »zu verstehen vermag«.

Nicht jeder Mensch versteht eben unter Reichtum oder Liebesglück, Freiheit oder Zwang das gleiche. Tafelfreuden sind für den einen eine hohe Befriedigung, für einen andern aber – wenn er eine unverschiebbare Einladung bekommt – eine peinliche Pflicht. Eine hohe Würde ist für den einen Selbstbestätigung, für einen übermäßig verantwortungsvollen Zeitgenossen eher eine schwere Belastung, unter der er leicht qualvoll zusammenbricht. Solche Beispiele vernahm ich von den Kennern der Überlieferungen der Traumdeutung ohne Zahl.

Eine Tradition, die ich beim Fahrenden Volk lebendig fand und ohne die wir weder ihre Traumkunde noch ihre Astrologie begreifen können, teilt die Menschen nach den Elementen ein. Einige der Kenner des Gegenstandes, mit denen ich über den Ursprung dieser Auffassungen reden durfte, sind überzeugt, gerade die zigeunerischen Wahrsager um Paris hätten diese Lehre aus den Büchern der französischen Okkultisten des letzten Jahrhunderts übernommen. Die Nomaden selbst versichern aber, wie wir schon sahen, lachend, die gelehrten Astrologen und Traumdeuter hätten ihre Weisheiten von ihren aus dem Osten stammenden Vorfahren übernommen, da sie schließlich schon fleißig genug an ihren Lagerfeuern herumgesessen und dort viel herumgelauscht hätten. Nach unseren Erfahrungen ist es aber wahrscheinlich, daß das Wissen der auf antike und mittelalterliche Ursprünge zurückgehenden europäischen Bücher und die Überlieferungen der Nomaden eigentlich auf die gleichen Ursprünge zurückgehen und sich dann in jedem Jahrhundert gegenseitig beeinflußten.[1]

Die vier menschlichen Typen, in denen jedesmal in seinen »Säften« (humores) einer besonders vorherrscht, werden nun etwa wie folgt gekennzeichnet: Der »erdige« Mensch kennt die Erde, die Welt, die Materie und ihre Gesetzmäßigkeiten. Er ist vorsichtig, berechnend, versteht es, alle vorhandenen Möglichkeiten auszunützen – ohne sich von Phantasien, »die kaum rasch etwas einbringen«, von seinen Tätigkeiten abbringen zu lassen. Er versucht, ohne sich viel verwirren zu lassen, möglichst viel der irdischen (»materiellen«) Welt in seiner Umgebung zu begreifen und zu besitzen.

Der Mensch des Elements Wasser soll nach der Deutung, wie ich sie von den Pariser »Bohème«-Okkultisten der vierziger und fünfziger Jahre vernahm, der passivste, also »erduldendste« unter den vier Typen sein. Ein Khalderasch-Zigeuner, der freilich sogar die griechische Sage über den Untergang der Atlantiskultur in grauer Vergangenheit kannte, versicherte mir darum:
»Wenn es in den uralten Mythen heißt, ein Reich oder ein Volk sei wegen seiner Sünden von einer Sintflut verschlungen worden, so heißt es nicht etwa, wie die abergläubischen Menschen wörtlich meinen, dies sei wirklich geschehen. Es heißt etwa, die entsprechenden Stämme seien ihrer Aktivität müde und darum passiv geworden, sie hätten sich sozusagen aus der Geschichte zurückgezogen.« Der Wassermensch verzichtet auf äußere Geltung und Macht. Was er eigentlich sucht, ist höchstens der Reichtum der inneren Entwicklung.

Der Feuermensch will sich voll Leidenschaft, und dadurch meistens für sich und andere unvorsichtig genug, auf jede Art durchsetzen und behaupten. Seine entsprechenden Wünsche treiben ihn darum fortlaufend und manchmal geradezu selbstzerstörerisch in kühne, gelegentlich sehr wenig überlegte, von maßlosem Selbstbewußtsein zeugende Tätigkeiten.

Der Luftmensch endlich hat einen guten vernünftigen Überblick und kann, nachdem er es sich überlegt hat, rasch handeln. Sein sanguinischer Wunsch ist es vor allem, innerhalb von seinem Lebenskreis sein Dasein möglichst »unbeschwert« genießen zu können.

Nach den alten und neuen Traumdeutern sollen nun unsere Nachtgesichte, vor allem die nach dem Einschlafen, gut zeigen, »welche Humores oder Feuchtigkeiten (Säfte) in des Menschen Leibe überflüssig sind, zum kräftigsten regieren (also in ihm vorherrschen! S. G.) und ihm Schaden und allerlei Krankheiten zufügen.« Der Mensch, in dem die »Gelbe Galle« (flavabilis) hervortritt, sieht in seinen Träumen: »Flammen, Feuer, Kohlen, Strahlen, Gezänke und dergleichen mehr Phantaseyen.«[2]

Diejenigen, die mit dem Erdelement, also mit »Schwarzer Galle«, überladen sind, träumen vor allem: »Rauch, dicke Finsternis und Nebel. Alle Dinge sind ihnen schwarz, greulich und unsauber, es erscheinen ihnen tote Körper...« Wer vom Wasserelement, Schleim, Phlegma beherrscht wird, der sieht in seinen Träumen: »Große Platzregen, Flüsse, Wassergüsse, Hagel, Eis und alles das, was aus viel Feuchte und großer Kälte zusammengesetzt ist.«[2]

Wenn das sanguinisch-luftige Element, das Blut und das Herz überwiegen, dann werden »erweckt«: »Gesichter schöner, heller, schneeweißer, wohlriechender und grünender Dinge und alles dasjenige, so zu gemeiner Sauberkeit gehörig ist.« Von allen Geschöpfen sieht man, »angeborene, zugehörige und gleichförmige Gestalten«, also man sieht die Traumbilder nicht irgendwie alpdruckhaft verzerrt, sondern in ihrer harmonischsten, vollkommensten Bildung.[2]

Der Kräuterarzt aus dem 18. Jahrhundert, der sich auf die antiken Wissenschaftler Hippokrates und Galenus, genau wie auf den großen Paracelsus (1493 bis 1541) stützt, versichert darum die Möglichkeit, an Träumen Neigungen zu Krankheiten von verdorbenen Säften erkennen zu können. Durch leichte Speisen am Abend bilden sich nur wenig Dünste. Das Hirn wird rein, seine Kräfte können sich voll entfalten: Lebenskunst im Wachen erzeugt dann schöne Träume, und diese sind wiederum die guten Anreger, um den neuen Tag glücklich beginnen zu können.

Die alte Medizin, die sich gleichzeitig um die Seele wie um den Leib kümmerte, wollte damit den Menschen die Grundlage geben: »Damit man aber nicht nur im Wachen, sondern auch im Schlafen fröhlich sein könne.«[3]

Als die besonders gefährliche Erkrankung des Menschen, die bewirke, daß der Leib immer weniger Giftstoffe abbauen könne und damit für das Eindringen von unzähligen Leiden bereit sei, galt nun den Alten die Melancholie. Das vermehrte Vorherrschen der dunklen »Säfte« äußerte sich in der Zunahme der »irdischen« und »finstern« Träume und am Tag in der entsprechenden Wandlung des ganzen Charakters. »Das Wesen eines Menschen, der schweren Eindrücken nachhängt und nicht die Kraft hat, sich dagegen aufzuraffen...« Die Stimmung kann, wenn nicht ein Wandel eintritt, »zu Schwermut und Trübsinn ausarten«.[4]

Gerade besonders geistige, gebildete, empfindsame, wertvolle Menschen sollten nach den alten Beobachtungen sehr leicht daran erkranken. Der Schriftsteller Bernard de Gordon, der im Mittelalter, um 1250 bis 1320, lebte, vertrat die aus dem Altertum übernommene Auffassung, nach der die Melancholie »eine Krankheit der differenzierten und hochentwickelten Menschen sei«. Nach Gordon sollten besonders heldenhafte und edelmütige Menschen, »Heroen und Edle«, von ihr ergriffen und in den Verfall all ihrer Kräfte hineingerissen werden.[5] Noch in einem volkstümlichen Buch der Hebammenwissenschaften des 17. Jahrhunderts wird versichert, daß »die meisten Vornehmen und Verständigen melancholisch und trauriger, stiller Natur seien«.[6]

Es scheint nun aus den gelehrten und volkstümlichen Büchern zur alten Heilkunde offensichtlich, daß der Zusammenbruch der mittelalterlichen Ordnung mit ihrer tiefen Gläubigkeit, Naturfreude und den Jahresbräuchen voll Lebenslust, diese trüben Stimmungen noch vermehrt steigerte. Gerade in der Zeit des Dreißigjährigen Kriegs, in der nach einigen Angaben in Mitteleuropa (Deutschland, Tschechoslowakei) zwei Drittel der Bevölkerung stumpfsinnigen Machtkämpfen und religiöser Unduldsamkeit zum Opfer fielen, flohen die Frauen vermehrt von ihren schwermütigen, von Gott und der Welt enttäuschten Gatten: Zum Lieben zogen die Weiber damals offensichtlich jeden »hurtigen Narren« vor, also noch mit einigen ursprünglichen Leidenschaften begabten dummen Menschen, – »einem weisen, klugen und verständigen Melancholiker«.[6] Dies scheint die europäische Oberschicht noch vermehrt in ihrem »Schwermut und Trübsinn« bestätigt zu haben; Lehren der Enttäuschung über Gott und die Welt verbreiteten sich. Es ist verständlich, daß die demnach unter den Frauen noch verbreitetere Stimmung der Lebenslust und Naturfreude genügte, sie zunehmend als »gefährliche Hexen« zu verleumden. Wenn wir nun seit dem 15. Jahrhundert sehen, wie türkisch-tatarische Scharen ziemlich ohne Mühe Europa über den Balkan bis Wien und ganz Rußland bis etwa 1700 beherrschen, so verstehen wir jetzt den tieferen eigentlichen Grund.

Der große, der Philosophie des Paracelsus folgende Basler Kräuterarzt Thurneysser berichtete als Erfahrung aus seinen östlichen Forschungsreisen, daß die Türken die Kunst besäßen, ihre Stimmungen von »Zorn und Grimm« oder »Zorn und Gram« nicht in sich zu unterdrücken (inn sich trucken).[7] Dies, während sich »bei andern Völkern«, er meinte offensichtlich die christlichen Europäer, der vergiftete Stoff im Körper »innerlich erhält (also nicht ausgeschieden wird! S. G.) und das Herz und alle leiblichen Glieder (wir würden sagen – Körperteile, S. G.) melancholisch, schwermütig und traurig macht«.[7]

Wenn wir nun die Behauptung des 16. und 17. Jahrhunderts nehmen, daß die »Melancholey«, das heißt, die von ihr erkrankten Menschen, »von dem Weibsvolk im Lieben über die Massen gehasset« wurden[8], dann verstehen wir, daß damals nach zeitgenössischen Schilderungen die orientalischen Harems von europäischen Frauen überfüllt waren: Nach russischen, polnischen und österreichischen Sagen wurden sie nicht etwa, wie einseitige Geschichtsbücher behaupteten, von den vorstoßenden Tatarenhorden geraubt, sondern sie flohen selbst, unterdrückt im Westen von dem zunehmenden Puritanismus und den Hexenverfolgungen, zu den lebenslustigeren Nomadenstämmen.

Hier herrschte noch immer eine gepflegte Welt der mittelalterlichen Traumkultur: Thurneysser führt die Überwindung der Melancholie im »türkischen« Osten auf die noch im Morgenland bestehenden geheimen Kenntnisse der Kräuterkunde zurück.[9] Der Arzt Johann Weier (Wier) deutet an, daß eine ähnliche Wissenschaft, wie sie den europäischen Hexen ihre Märchenerlebnisse im Traum ermöglichte, auch in der Oberschicht der morgenländischen Reiche, von der Türkei bis nach Indien, große Beliebtheit besaß.[10] Im 17. Jahrhundert schildert noch der Reisende Tavernier, wie eine Hauptbeschäftigung (!) der orientalischen Frauen (die gerade nach ihm zum guten Teil aus christlichen Ländern stammten!) eine liebevolle Vorbereitung auf eine glückliche Nacht war: »...sie lassen sich bald die Arme und bald die Schenkel und Beine massieren, bis sie in Schlaf sinken. Sie führen so ein ganz der Wonne und Wollust (une vie toute voluptueuse) geweihtes Dasein...«[11]

Wo sich ein solches Leben erhielt, so nach den Schilderungen von Thurneysser, im Morgenland wie im Umkreis der uraltes Wissen besitzenden europäischen Kräuterärzte – dort blieb die Freude aus Unternehmungslust: Statt Schwermut und Trauer herrschte dann immer noch »ein leichtsinniges und fröhliches Angesicht«; an Stelle von »Feindschaft, Haß und Neid« – »rechte Anmut, Treuherzigkeit und Liebe«.[12]

Die »Geheimwissenschaft« der Vergangenheit, die richtige Lebenslust durch die richtige Erholung in Schlaf und Traum zu finden, verdient es, heute wiederentdeckt und neu überprüft zu werden. Gegen die neuen, von den Seelenärzten aller Richtungen besprochenen Wellen einer auch die Jugend ergreifenden modernen »Melancholie« enthält unsere Überlieferung einige Anregungen zu zeitgemäßen Heilmitteln.

Unsere Traumdeuter waren überzeugt: »Diese Kunst hat also, wenn sie recht und gebührlich gebraucht wird, großen Nutzen... Wie denn die Arzney eine sonderbare Gemeinschaft mit der Weissagung hat.«[13] In Paris fanden noch mein Vater und ich in den Kreisen der Okkultisten und Esoteriker fast allgemein die Überzeugung, die als eine ursprüngliche Tradition galt und besonders in der Heilkunde angewandt wurde: »Man kann für die gewöhnliche Deutung (der Gesundheits-Aussichten) die Karten, die Tarot-Bilder, die Astrologie benützen, aber die Eingeweihten nehmen an, daß es vorzuziehen ist, ohne Umwege die Träume zu studieren.«[14] Über diese glaubte man besonders gut das Zusammenspiel zwischen Seele und Leib erkennen zu dürfen und damit alle Möglichkeiten der Zu- und Abnahme der menschlichen Lust am Dasein und der Lebenskräfte.

In der magischen Überlieferung der alten Gelehrten erscheinen Schlaf und Traum, damit als deren Sinnbild auch »das Bett«, als wahre Heiligtümer. Im geheimnisvollen, angeblich ebenfalls noch mittelalterlichen Werk des deutschen Ritters und Alchimisten Lambsprinck läßt, auf einer der mystischen Darstellungen, Gott auf den in Frieden ruhenden Schläfer einen himmlischen Regen der Fruchtbarkeit niedergehen: »O Gott, hilf uns ebenfalls deine Gnade zu gewinnen!«[15]

Geheimnisvolle Sinnbilder, von denen überhaupt die Bücher der alten Hermetiker, Alchimisten und Rosenkreuzer wimmeln, werden gelegentlich ausdrücklich als »ein Traum oder Gesicht« geschildert und die Verfasser der Bücher darum im Bett liegend abgebildet.[16] Die »wunderbare Medizin«, die diese alten Heilkünstler kannten, – sind die von ihnen erforschten Seelenkräfte in unserem Innern, die nach ihnen Trübsinn und Lebensmüdigkeit überwinden und damit geradezu eine Erneuerung des Körpers hervorrufen können.

Carl Kiesewetter, der 1895 aus zahlreichen vorhandenen schriftlichen Quellen hinter das Geheimnis der einst volkstümlichen Hexenwissenschaft zu kommen versuchte, verwies auf das etwas fragwürdige Rezept zu Traumreisen, das im 16. Jahrhundert der gelehrte

Porta in seiner »Magis naturalis« veröffentlichte. Ihre diesbezüglichen Mittel waren nach des Verfassers klarer Aussage, »obwohl viel Aberglaube beigemengt ist, doch – wie man leicht erkennt – durch natürliche Kräfte wirksam«.[17]

Ähnliche Dinge entnehmen wir leicht aus einer Unzahl der Werke des 15. bis 18. Jahrhunderts, so beispielsweise aus der »Anatomie der Melancholie« des englischen Theologen Robert Burton (1576 bis 1640). Auch dieser Gegner der Weisen Frauen, also der weiblichen Kennerinnen eines urtümlichen Heilwesens, verrät uns aber, daß sie von Menschen überlaufen wurden, denen sie in trüben Stimmungen eine tröstliche und heitere Traumwelt schenkten: »Unkeusche Weiber lassen sich von Hexen, diesen Küchendirnen des Teufels, nachts ihre Liebsten kommen, fliegen zu ihnen und wieder fort durch die Luft...«[18]

Auch die Bezeichnung der Hexen als »Küchendirnen« scheint zu verraten, daß man den Weisen Frauen vor allem das Bereiten von Kräutermischungen und auch Speisen zutraute, denen allen ein bedeutender Einfluß auf den Schlaf nachgesagt wurde. Sogar Burton gab zu, daß in seiner Zeit, in der die Ketzerrichter die phantastischen Reisen der Hexen aus deren »Teufelskünsten« erklärten, sachliche Menschen deren Wissenschaften zu verteidigen wagten. Er stellt fest: »Viele (!) bestreiten es. Sie sagen, daß nicht Zauberei... sondern natürliche Dinge solches (also die »Flüge« zum Liebsten durch die Luft! S. G.) vermögen...«[18]

Diese »natürlichen« Mittel der alten Heilwissenschaft waren nach dem gleichen Porta »hervorragend«, sie dürften aber »nicht bekannt und verbreitet werden«.[17] Die Angst vor Verfolgungen war eben bei den Kennern des ganzen Gebiets im 15. bis 18. Jahrhundert allgemein und zwang die Vertreter alter Traditionen, in Sinnbildern oder Rätseln zu sprechen oder ihre Erfahrungen über ganze schwer lesbare, umfangreiche Bücher nur für die aufmerksamen Leser zu verteilen.

Ein Verfasser aus neuerer Zeit erzählt vom Freiherrn von Münchhausen, der im 18. Jahrhundert wirklich lebte, wie er behauptet, auf der Grundlage erhaltener schriftlicher Urkunden und sogar im Volke weitergegebener Sagen. Der Abenteurer, der tatsächlich als russischer Söldner mithalf, die Macht der tatarisch-türkischen Fürsten über Süd-Ukraine, Krim, die Nordufer des Schwarzen Meeres zu brechen, deutet in diesem Buch an, seine Beliebtheit bei der Kaiserin von Moskau und orientalischen Haremsdamen sei nicht zuletzt aus seiner Fähigkeit zum »Schlaf-Mischen« gekommen.[19]

Er erwähnt dann die verschiedenen Arten des Schlafes, zum Beispiel solche, die dank dem Kraut Baldrian kämen oder auch aus den gefährlichen, aber, wie wir noch sehen werden, in der alten Hexenmedizin als Mittel »zum Fliegen« erwähnten Nachtschatten-Gewächsen: »Der schönste Schlaf aber von allen ist der türkische Traumschlaf.« Um dies zu beweisen, verbrennt Münchhausen in der Kerze ein Körnchen orientalisches Pulver aus seiner Schnupftabakdose. Seine Zuhörerin erlebt nun einen »Traumschlaf« mit einer Reise auf den Mond, so lebendig, daß sie auch unmittelbar nach dem Erwachen an die Wirklichkeit der Märchenfahrt glaubt.[19]

Anschließend schildert der Dichter (oder Nacherzähler) dieser Geschichte, wie der unglückliche Freiherr durch solche mittelalterlichen oder morgenländischen Künste den maßlosen Zorn eines ihn dann verfolgenden Vertreters der materialistischen Aufklärung erweckte: »Raspe fröstelte. Er glaubte nur an die Naturgesetze, die bereits in Druckschriften nachgewiesen waren. Was im System nicht unterzubringen war, blieb Schwindel und Rausch.«[19] Daß der vielerfahrene Münchhausen dann für die Spießbürger des ausgehenden 18. Jahrhunderts als »Lügenbaron« lächerlich gemacht wurde, sollte zumindest teilweise alle deutschen Reisenden oder »Fahrenden« treffen, die damals noch immer von den Seelenwissenschaften, wie sie im Orient und auch in europäischen Kulturinseln gehütet wurden, viel Wunderbares zu berichten wußten.

Die Apotheke der Traumärzte

Mochte man die »Hexer und Hexenmeister« nach dem Ausgang des Mittelalters auf alle Arten verleumden, sogar in den übelsten Werken der Ketzerverfolger wimmelt es von Angaben, nach denen das Volk der Heiler ein erstaunliches Wissen um »die Dinge der Nacht« besaß. Im »Hexenhammer«, in dem man seit 1486 die »juristischen« Grundlagen für die teuflischen Verfolgungen fand, gibt es eine ausführliche Schilderung der Lehren des Aristoteles über den Zusammenhang des Traums mit dem Zustand der Körpersäfte. Anschließend wird aber auch in diesem Werk festgestellt: »Auch dieses aber ist unbedeutend im Vergleich zu den Träumen, welche die Hexen abergläubisch beobachten.«[1]

Johannes Nider, dessen »Formicarius« ebenfalls noch im 15. Jahrhundert zur Verfolgung der uralten Überlieferungen entscheidend beitrug, erzählt immerhin: »Ein gewisser Geistlicher hatte gepredigt, daß die Hexenfahrt nicht wahrhaft und körperlich, sondern nur in der Phantasie oder wenigstens im Traum vor sich zu gehen pflegt, und daß sich deshalb die Hexen einbildeten, sie würden an fremde Orte getragen und sähen, hörten und täten dort allerlei, was sie nachher anderen erzählten und anvertrauten.«[2] Mögen die entsprechenden Berichte mit viel Mißverständnissen gemischt sein, so besitzen sie, wie der Forscher Carl Kiesewetter feststellte, bereits im 16. Jahrhundert ein sehr »häufiges Vorkommen«.[3] Langsam, schwer verdauliche Speisen, spät am Abend genossen, überlasten eben nach der alten Schlafmedizin den Leib. Der Geist könne sich darum nicht aufschwingen, zu Bildern einer »lustigen« Phantasie und guten Eingebungen kommen. Das Bohnenessen, dies wurde behauptet, sei schließlich vor allem darum vom griechischen Weisen Pythagoras verworfen worden, weil man wegen ihnen besonders »unruhige Träume« bekommen kann... Ähnliches nahmen die Naturbeobachter unserer Vergangenheit zum Beispiel auch von Linsen, Zwiebeln, Knoblauch, Schnittlauch usw. an.: »Von diesen allen bekommt man Träume, da kein Zusammenhang (connectiret) ist, sondern alles dunkel (obscur) und widerwärtig ist.«[4]

Im Zusammenhang pflegten die alten Ärzte zu erwähnen, daß es Rezepte gab, die angeblich ganz genau befähigten, den Träumen einen bestimmten Inhalt zu geben. Regelmäßig wurde in solchen Büchern auch die berühmte »Hexensalbe« erwähnt, die es ihren Besitzern ermöglicht habe, im Schlaf ein glückliches Leben zu führen: Zuerst hätten »die Hexen« ihre Glieder wohl gerieben, »daß sie rot, und das Fleisch locker, die Schweiß-Löcher aber offen werden«.[5] (Man hat diesen ersten Teil der Schilderungen über die »Traum-Flüge« von früher meistens wenig beachtet! Neuere Beobachtungen scheinen aber zu beweisen, daß eine entspannende Massage vor dem Schlaf allein schon genügen kann, den Körper des Menschen in ein Gleichgewicht und damit in erfreuliche Träume zu bringen!)

Darauf habe man die »Flugsalbe« eingerieben, und diese habe dann im Geist der Einschlafenden erstaunliche Bilderfolgen ausgelöst. Es schien den so behandelten Menschen im darauffolgenden magischen Schlaf, »daß sie beim Mondschein und in der Nacht umfahren, schlemmen, Saitenspiel hören, tanzen«.[5]

In den alten Rezepten zu den betreffenden Salben werden nun vor allem Pflanzen genannt, die sehr gefährliche Giftstoffe enthalten. Wir müssen hier freilich festhalten, daß unsere Ahnen, die sie offensichtlich benützten, überlieferte Erfahrungen dazu besaßen, die unsere Zivilisation ziemlich verlor. Dazu kommt, daß der Mensch der Vergangenheit, da er den ganzen Tag in der natürlichen Umwelt lebte, wahrscheinlich gegenüber verschiedenen Wirkstoffen seiner Kräuter zäher war, und daß die Ahnen ihre »Traumkräuter« meistens nicht mit dem Mund einnahmen, sondern, nur vorsichtig dosiert, als Salben auf die Haut rieben.[6]

Moderne Überprüfungen haben nun ergeben, daß die Wirkstoffe der in den »Flugrezepten der Hexen« vielgenannten Nachtschattengewächse tatsächlich genau die Rauschträume auslösen können, wie ihnen die älteren und neueren Zauberbücher zuschreiben. Bereits Muratori hat behauptet, daß Flugträume einen »gut funktionierenden Blutkreislauf« zu verraten scheinen — sie würden besonders dann auftreten, wenn sich der Mensch allgemein gut, also, wie das Volk sagt, »von der Erdschwere frei, leicht fühle«! Nun scheint der in Nachtschattengewächsen enthaltene Wirkstoff Hyoscyamin, richtig angewendet, dazu beizutragen, daß eine ungehinderte Atmung entsteht. Aus diesem Grunde ist er in verschiedenen Asthmamitteln der Neuzeit enthalten.[7]

Die Hexensalbe, zumindest, wenn sie die Weisen Frauen und die Kräuterärzte der Vergangenheit richtig anwendeten, scheint also nach den neuzeitlichen Bestätigungen tatsächlich die Fähigkeit besessen zu haben, bei der Entlastung von Atem und Blutkreislauf zu helfen und damit dem Schläfer vermehrt Träume vom Flug und schwerelosem Tanz auf Höhen zu ermöglichen. Eine materialistische Chemie und Medizin, wie sie seit der Renaissance bis ins 18. und 19. Jahrhundert vermehrt Einfluß gewinnt, zog sogar aus den Erfahrungen dieser Art den Schluß, daß das menschliche Geistes- und Traumleben überhaupt nur eine Folge der aufgenommenen Stoffe ist (Der Mensch ist, was er ißt).

Man überlas die Stellen in den alten Büchern über die Kräutermedizin, die großes Wissen um die pflanzlichen Hilfsmittel zur Überwindung der »Melancholey« besaßen — aber davon überzeugt waren, daß die eigentliche geistige Grundanlage der Schläfer und ihre geistige Vorbereitung für den »Flug« die Art der »Traumreise« bestimmten.

Eins der wichtigsten Mittel der Kräuterärzte seit ungefähr drei Jahrhunderten lautet nach dem Wortlaut des berühmten *Buch der entschleierten Geheimnisse,* das volkstümliche Heiler bis in die Gegenwart zu den wahren Schätzen zählen: »Man suche immer frische Luft bis zum Schlafengehen im Zimmer zu erhalten, genieße zu Abend nicht viel und leicht verdauliche Speisen und decke sich nicht zu warm zu.«[7]

Unmittelbar nach dieser Einleitung kommt die wichtige Schilderung der pflanzlichen Hilfsmittel, die man am Abend zusammen mit den übrigen »leicht verdaulichen Speisen« zu sich nahm: »Um angenehme Träume zu haben, esse man nach einer sehr mäßigen Abendmahlzeit eine ziemliche Portion grüner Melissen als Salat mit Wein und Zucker, oder mit Essig und Öl angerichtet. So werden sich dann im Traume nur angenehme, freundliche und anmutigste Vorstellungen zeigen. Diese Wirkung hat auch das Ochsenzungenkraut, auch genannt Augenzier, Bauernboretsch, Liebäugel (Anchusa officinalis). Beide Kräuter zusammen genommen, ist noch besser.«[7]

Eine andere, ziemlich genau übereinstimmende Anleitung, um »fröhliche Träume zu bekommen«, empfiehlt neben den Melissen und ebenfalls Boretsch noch zusätzlich Engelsüß »und weiße Pappel-Knospen, daher ist die Pappelsalbe auch gut darzu«.[8] Die ganze Schlafmedizin dieser Art beruht selbstverständlich wiederum auf der uralten Lehre von den Körpersäften. Auch J.J. Becher lehrte schließlich, die Melisse vertreibe »die schwarzen Träum bei Nacht und die Melancholey«.[9] Der bedeutende Kräuterarzt Tabernaemontanus ist davon überzeugt, daß die gleichen Pflanzen das »schwarze, verbrannte, melancholische Geblüt (im menschlichen Leib) läutern und bezwingen«. Sie vertreiben darum auch, nach diesem lange anerkannten Fachmann, »alle Traurigkeit und Schrecken, so von der Melancholie herkommen, und machen fröhliche Träume«.[10]

Die alten Bücher versichern uns, daß man durch diese wunderbaren Melissen im Traum geradezu in eine in jeder Beziehung »grüne« Welt versetzt werde, in der ewiger Frühling herrsche und es in jeder Beziehung lieblich und lustig zugehe.[11] Wenn sich solche Bilder einstellten, so war man überzeugt, daß dies ein untrügliches Anzeichen dafür sei, daß die »melancholischen« Gifte im Körper und Geist überwunden seien. Nach dem Traum in einer glücklichen grünen Landschaft, erzählte mir ein Gewährsmann, in dessen Familie Rezepte aus solchen Büchern eine große Rolle spielten, könne man sicher sein, »daß im ganzen Leib eine Erneuerung stattfinde: Nicht vergeblich wußten die alten Heiler, daß Humor, also der Zustand der guten Laune und Lebenslust, von den Säften des Leibs herkommt, denen man Humores sagte! Wer von einer grünen, blühenden Erde träumte, der konnte auch beim Erwachen sicher sein, daß seine Kräfte und damit sein Allgemeinbefinden im Zunehmen begriffen seien.«

Um die Melancholie zu überwinden und in das »grüne« Reich der glücklichen Träume zu gelangen, besaß man auch ein bedeutendes Wissen um die angenehmen Düfte im Schlafzimmer — auch sie sollten den Geist unterstützen, den Schläfer in die »angenehmsten«, ihn »stärkenden« Zaubermärchen zu entführen. Vom Anis, dem das Volk noch immer nachsagt, daß der fähig sei, die Liebeslust im Menschen zu erwecken, wird zum Beispiel geraten, daß man ihn geschickt in die Kissen bringen solle, »daß die Schlafenden denselben riechen mögen«: Dann vertreibt der Duft dieser Pflanze ebenfalls »die schrecklichen Träum«.[12]

Berühmt in der europäischen magischen Medizin ist der Schlafapfel, die Schlafrose, der Schlafkunz, der Rosenapfel oder der Rosenschwamm (Fungus cynosbati). Es handelt sich bei diesem für die Pflanzenkunde unserer Heiler so wichtigen Gegenstand um die moosartigen Auswüchse an den Zweigen der Hundsrose. Sie werden erzeugt durch die Stiche der gemeinen Rosengallwespe.

Unter das Kopfkissen gelegt, sollen nun die »Schlafäpfel« in jeder Beziehung glücklichen Schlaf schenken. Gerade Verliebte pflücken in Böhmen diese Dinge, anscheinend vor allem im Frühling vor Sonnenaufgang: »Sie legen ihn sich gegenseitig heimlich ins Bett, damit sie gut schliefen, angenehm träumten und eins dem andern treu bliebe.«[13] (Gelegentlich nannte man »Schlafkunz« freilich auch die Mistel, die man ebenfalls dazu brauchte, um dank ihrem geheimen Einfluß eine glückliche Nacht zu bekommen.)[14]

Ein volkskundlicher Verfasser, dessen Arbeiten in der Zeit der ausklingenden deutschen Romantik einen starken Einfluß ausübten, versicherte sogar von der Frau Holle, die die Hexen als ihre Lehrerin und Göttin verehrten: »Sie waltet noch gegenwärtig (!) mit eben der Macht, als vor 1000 Jahren unter den unkultivierten Völkern Deutschlands.«[15] Um seine Behauptung zu erhärten, erwähnt er ebenfalls die gleichen moosartigen Mißwächse an den wilden Rosenstöcken, »die unter dem Namen Moos- oder Schlafrosen bekannt sind«, und führt an, daß man sie immer noch für ein Werk der Frau Holle selbst halte: »Wer sie unter sein Schlafkissen legt, wird von ihr zu ihren Gelagen abgeholt, oder (gemeint ist hier offenbar im Traum! S. G.) in die Arme desjenigen geführt, der erwünscht wird.«[15] Für die »Reise im Schlaf« in ein glückliches »grünes« Reich, in dem alle Wünsche erfüllt werden, verwendeten also unsere Vorfahren meistens Hilfsmittel mit verhältnismäßig harmlosen Wirkstoffen und vor allem ihre starke Einbildungskraft.

Zauberstein Onyx

Ein wichtiges Gebiet der alten Traum- und Schlaf-Medizin, zu dem der heutige Mensch fast jede Beziehung verloren hat, ist die Edelsteinkunde. Noch der volkstümliche Anhänger des großen Paracelsus, Valentinus Kräutermann, empfiehlt in seinem 21. Kapitel »Von Träumen«, den »Onyx« an der Hand oder am Hals zu tragen: Dies soll offenbar die Wahrscheinlichkeit steigern, daß die Träume der Nacht genau das bringen, »was einem begegnen soll«.[16]

Kräutermann hat sein Wissen, an dem er nicht zweifelt und das durch die verschiedenen Neudrucke seines eigenwilligen Buches auch im 19. und 20. Jahrhundert immer wieder unter unseren einheimischen Heilern verbreitet wurde, aus Gesners *Schatz-Kammer*. Der feste Glaube an die magischen Wirkungen des Onyx ist aber zweifellos viel älter als die deutsche Renaissance und das Mittelalter. Inder, die Völker des Vordern Orients und der Antike, benützten ihn auf zahlreiche Arten, wobei man dies, wie man es aus mancherlei Stellen der Gelehrten des Altertums nachweisen kann, nicht nur wegen der schmückenden Wirkung, sondern wie bei den andern farbigen Steinen wegen dem Glauben an die von ihnen ausgehenden Kräfte tat.

Der Onyx wurde zu Salbenbüchsen verarbeitet, und die Frauen von Königen und sonstigen reichen Männern ließen sich für feierliche Anlässe Becher aus ihm anfertigen. Von den Indern wurde sogar behauptet, daß sie die Füße ihrer Betten aus ihm drechseln ließen,[17] was möglicherweise wiederum aus der Überzeugung geschah, daß dieser Stein einen gewissen Einfluß auf die Schläfer ausüben könne.

Eine dunkle mittelalterliche Angabe teilt uns mit, daß der Onyx im Traum Lemuren (Totengeister, Nachtgespenster) sehen lasse, was ebenfalls mit der neuen Vorstellung bei Gesner und Kräutermann, daß er Wahrträume bringt, nicht übel übereinstimmt.[17] Auch hier mag aber der Glaube bestanden haben, daß der Mensch mit Hilfe des Wundersteins, den man häufig zu den glückbringendsten überhaupt rechnete, das zuerst aufsteigende Chaos der Traumbilder aus verdrängten Erinnerungen, Ängsten und unbefriedigten

Sehnsüchten in gute Ordnung zu bringen vermöge und dann in seiner Nachtphantasie stufenweise genau das erkenne, was für ihn gut sei. Bei Psellus finden wir die Behauptung, daß der Onyx die gute Fähigkeit habe, die Gespenster der Nacht zu vertreiben, also zum erfreulichen Ende Ruhe und Frieden in die Seele des auf ihn vertrauenden Schläfers zu bringen.[17]

Ob es sich um eine unabhängige Erinnerung des Volkes handeln mag oder um die Auswirkung von gelehrten Schriften (wie gerade der so verbreiteten des von uns viel benützten Kräutermann!) – der Onyx galt noch im letzten Jahrhundert als Zauberstein. Man trug ihn, wie man mir für das Gebiet der Stadt Bern erzählte, sogar in sehr guten, auf ihre Traditionen stolzen Familien um Hals oder Finger, »um Träume zu bekommen, die ganz sicher einen richtigen Kern besitzen«. Von einem ländlichen Heiler wurde sogar bezeugt, daß er behauptete, daß ein Schlaftrunk aus Kräutern, wenn man ihn aus einem Onyxgefäß einnehme, seine in ihm sonst enthaltene Wirkung unglaublich steigere. Wie ich in Kalifornien hörte, ist der Onyx als »uralter Hexenstein« wieder in den Kreisen, die sich mit den urtümlichen Überlieferungen der magischen Medizin beschäftigen, neu aufgetaucht. Als mystischer Schmuck getragen, soll er hier nach einer Auffassung bedeuten, daß man »mit den Mächten der Natur und der Nacht« in gutem Frieden lebt. In den ziemlich zahlreichen Schriften, die heute wieder über die Edelsteine, vor allem über ihre Beziehung zu den Sternen, herauskommen, finden wir etwa die sehr verbreitete moderne Auffassung, nach der sie »Sender von feinstofflichen Energien sind, die unsere Physik noch nicht messen kann, die aber gleichwohl auf den Kreislauf der Kräfte in unserem Leib einwirken«.[17]

Viele der Anhänger des neuen Glaubens an die Heilkräfte der Natur sehen aber in den farbigen, so malerischen und funkelnden Edelsteinen vor allem ein Hilfsmittel für unser Bewußtsein, eine Anregung zum Erwachen für unsere Phantasie. Einen aus dem Fahrenden Volke von heute, einen deutschsprachigen französischen »Jenischen« aus dem Elsaß, traf ich 1979 auf einem der malerischsten Märkte, den ich je sah, und der an den mittelalterlichen Festungsmauern der Stadt Avignon stattfand. Auch er verkaufte, unter einer

Unzahl der verschiedensten Glücksbringer, einen Onyx an einer Kupferkette »gegen die schlechten Gedanken, die uns in den Schatten der Nacht überfallen können«.

Wie viele seiner Berufsgenossen, die im neuen Jahrmarktstreiben wohl nicht anders wirken als ihre Vorfahren in der Vergangenheit, hatte er in der Ecke eine Reihe der volkstümlichen Schriften über die »okkulten Naturkräfte«, wie sie gerade auch in Frankreich in unglaublicher Anzahl erscheinen. »Das ganze heutige Gespräch über Radioaktivität und Elektrizität, die in den Steinen steckt, mag die Gelehrten beschäftigen«, meinte er mit viel Sachlichkeit, »die Steine sind einfach ein Mittel zum Meditieren. Der Kunde will einfach seinen Geist, der sonst namentlich im Menschen von heute so unruhig ist und sich nie auf eine Angelegenheit sammeln kann, auf einen bestimmten Wunsch richten, zum Beispiel eben darauf, einen Traum von tieferer Bedeutung zu bekommen. Wenn er mit mir oder andern Kennern darüber redet, so wird seine Einbildung nun immer mehr in der gleichen Richtung entflammt. Je mehr ich ihm alte Geschichten über den richtigen Stein, der dies bewirken soll, erzähle, ihm sogar Bücher darüber zeige, desto mehr und tiefer beschäftigen und erfüllen ihn die entsprechenden Gedanken.«

»Kauft er sich nun den betreffenden Stein, so hat sich sein Wille schon sehr stark darauf gerichtet, daß in den kommenden Nächten sein Wunsch erfüllt werde. So häufig er von da an den Stein sehen wird, so häufig wird ihm nun in die Erinnerung kommen, was schon die Ahnen in den Zeiten der Inder oder Ägypter von ihm erwarteten – umso mehr wird er schließlich auch von ihm erwarten, wenn er ihn von einem Zigeuner gekauft hat, in dem er einen Nachkommen jener alten Völker sieht... Bringt er nun den Stein zum Schlaf tatsächlich in seine Nähe, so ist der Onyx wiederum eine gute Hilfe, daß die Gedanken an die wahrsagenden Träume die letzten sind, mit denen er in seine nächtlichen Abenteuer eintaucht. Der Glücksstein und die ganzen Eindrücke, durch die er ihn erwarb, helfen also meinem Kunden, daß sich in seinem Kopf der Gedanke, besondere Träume zu bekommen, hartnäckig festsetzt. Die Wahrscheinlichkeit, daß ihm dadurch seine Gesichte in der darauffolgenden Nacht besonders bedeutungsvoll und klar scheinen, ist also nun sehr hoch.«

Kunst der Seelenflüge

Von den »weiten, seltsamen Reisen«, die das Hexenvolk in seinen Träumen unternahm, erzählt im 16. Jahrhundert auch der bedeutende Arzt Johannes Weier, ein Schüler des großen Magiers Agrippa von Nettesheim. Während der Träume kamen sie auf abstoßende Einöden, zu Henkern und Folterern, wie meistens (mehrertheils) an »grüne Lustplätz« und in den Genuß von erfreulichen Dingen. Auch dieser Gelehrte faßt über die Traumwelt der Hexen zusammen, daß die Geschehnisse in ihr bei verschiedenen Menschen, die in sie dank den alten Künsten eindringen, nicht einheitlich seien: Jede Hexe erlebt sie anders, ganz nach den Gesetzmäßigkeiten ihrer ureigenen Wesensart. Oder, wie er ganz genau ausdrückt – »nach einer jeden Temperament«.[1]

Auch im Buch des Magiers Abramelin von Worms, das aus dem ausgehenden Mittelalter stammen soll, erzählt der Verfasser ausdrücklich von seinem Besuch bei einem als »Hexe« geltenden Mädchen im österreichischen Linz. Mit Hilfe der berühmten Salbe sei er dann in einem nächtlichen Traum »an den Ort, den ich mir in meinem Herzen (vor dem Einschlafen! S. G.) wünschte«, gefahren, und habe dort auch »große Sachen« erlebt![2]

Das Mädchen unternahm gleichzeitig ebenfalls, mit der Hilfe des gleichen Wirkstoffes, ihre Traumreise. Als sich nun anschließend beide, Abramelin und die junge Hexe, die Bilder der Nacht erzählen, so bemerkt in ihnen der Zauberlehrling von Worms sehr sachlich – »es war aber zwischen beiderlei Geschichten ein großer Unterschied«.[2] Wiederum haben wir, wie in einer Unzahl ähnlicher Berichte aus alten Schriften und der noch immer lebendigen mündlichen Volkssage, eine Bestätigung des Satzes von Weier: Jeder der Traumreisenden erlebte seine Abenteuer ganz nach seiner eigenen Wesensart.

Die Reise wurde im übrigen schon in der Vergangenheit ähnlich ausgelöst, wie vielfach auch heute bei Zeitgenossen, die gerne ihre Wahr- oder Klarträume zu erleben wünschen. Die Linzer Hexe hatte nach Abramelins Zeugnis versichert, daß sie ihn »ohne alle Gefahr an einen Ort führen wolle, dahin ich sonderlich begehrte«.[2] Der nun in die offensichtlich lange bei den Weisen Frauen des Alpengebiets erhaltene Wissenschaft der Nacht eingeweihte Mann mußte seinen Wunsch nur in seinem Herzen fest fassen und seiner Führerin nicht etwa nennen – tatsächlich kam er nun in seinem magischen Traum genau an den Platz, an den er vorher gedacht hatte. Daß die entsprechenden »Reisen« oder »Flüge« der verschiedenen Wahrträumer unserer Vergangenheit sehr häufig äußerlich gewisse Ähnlichkeiten aufwiesen, namentlich wenn sich, wie im letzten Bericht, die »Hexen« zusammen, im gleichen Raum und nach gemeinsamen Vorbereitungen zum Schlaf niederlegten, ist einleuchtend: Mochte der Weg und die Bühne der erwarteten »Gesichte« von jedem der Beteiligten ganz nach seinem Herzenswunsche vorgestellt und dann auch erlebt werden, die eigentliche Erwartung, die man auf die »Reise« setzte, war letztlich einheitlich.

Man kam schließlich, wie wir bei Weier oder Abramelin in ihren ganzen Werken nachlesen können, aus den sehr wirklichen Schwierigkeiten des Alltags. Die Drohung durch Henker und Folterer, die in die Träume der Hexen des 15. bis 18. Jahrhunderts – wie wir soeben sahen – die schreckhaften Bilder brachte, entstammte sehr berechtigten Ängsten. Daß sich die Träumer gelegentlich in Kerkern und Einöden fühlten, entsprach den Zeiten der zunehmenden ideologischen Auseinandersetzungen, die Mitteleuropa (ich erinnere nochmals an den Dreißigjährigen Krieg 1618 bis 1648) fast an den Rand der Ausrottung brachten. Mochten sich die Mörderbanden, die sich nach dem Verdämmern der mittelalterlichen Hochkulturen »römisch« oder »evangelisch« nannten, gegenseitig bekämpfen: was ihre Ausrottung von Ketzern und Hexen angeht, in dem Wunsch, eigenwillige Menschen in Folterkammern und zu Scheiterhaufen zu schleppen, waren sie sich erstaunlich einig.

Noch heute weiß im Alpengebiet die Sage, die Hexen hätten, »bevor sie abflogen«, mehrfach bestimmte Sprüche so lange wiederholt, bis die Reise begann: »Durch das Dunkel zu Licht«, hätten sie ausgerufen, oder auch: »Oben aus (manchmal wird auch behauptet ›oben raus‹) und nirgends an!« Diese »Hexensprüche« scheinen uns keine »abergläubischen Zauberworte« zu enthalten, sondern Suggestionen zu sein, bewährte Hilfsmittel für den Geist, um seine Traumreise in jeder Beziehung glücklich und zum Abschluß befriedigend unternehmen zu können.[3]

Mehrfach wurde mir in den entsprechenden Sagen erzählt, »daß man am Anfang des Flugs sehr vorsichtig sein mußte, daß man sich nicht beim Aufsteigen durch den Schornstein mit Ruß verschmierte (!) oder gar, bevor man sein Ziel erreichte, abstürzte«. Ähnlich wie in den modernen Berichten über die Traumreisen der Stämme von Asien oder Nordamerika galt dieses »Reisen« offenbar als eine Kunst, die man in der Regel erst nach etlichen »Abstürzen«, also unerfreulichen Erfahrungen, erlernte.[4]

Viele Berichte sind darum übereinstimmend. Die Furcht, die die Menschen des 15. bis 18. Jahrhunderts häufig genug bedrückte, für ihre Überlieferungen und Überzeugungen unterdrückt zu werden, konnte ihre Flüge vergiften. In ihren Träumen verwirrte sie häufig genug der Gedanke, abzustürzen, in Schmutz und Qualen gerissen zu werden.

Wenn aber die Reise nach der Ansicht von denen, die offensichtlich erfahren waren, richtig ablief, kam man in der Regel zu den vielgenannten »grünen Lustplätzen«: Häßliche, widerliche Fratzen verwandelten sich auf einmal, wenn man seine Sicherheit wiedergewann, in liebliche und in jeder Beziehung vollkommene Gesichter.[5]

Der russische Gelehrte und Dichter Dimitri Mereschkowski hat nun, viele Berichte zusammenfassend, die Traumfahrt einer Hexe während der italienischen Renaissance geschildert. Auch vor ihr erscheint das Fest, zu welchem sie dank der Zaubersalbe kommt, zuerst unglaublich abstoßend und beängstigend. Doch auf einmal ereignet sich die berühmte wunderbare Verwandlung.

»Die Bockshaut fiel (vom zuerst ›teuflisch‹ genug aussehenden ›Herrn des Hexensabbats‹! S. G.) ab wie die Haut von der Schlange, und der vor ihr stand, war der olympische Dionysos, ein Lächeln ewiger Lust um die Lippen, in der einen Hand den erhobenen Thyrsos, in der andern eine Traube, an der der heranspringende Panther zu lecken versuchte. Im gleichen Augenblick verwandelte sich auch der Hexenreigen in ein göttliches Bacchanal, alte Hexen in jugendliche Mänaden, formlose, abscheuliche Dämonen in bockfüßige Satyrn... Satyrn und Bacchantinnen vermischten ihr Blut in goldenen Gefäßen mit dem Blut der Trauben, und tanzend stimmten sie ein in die Klänge des Tamburin: ›Heil dir, Dionysos, heil! Die alten Götter sind auferstanden! Heil den auferstandenen Göttern!‹«[6] Zu dieser Schilderung muß man ergänzen, daß es sich um die Darstellung der Traumgesichter in einem Lande am Mittelmeer handelt, in dem die antiken Mythen sehr zäh im Adel und im Volk weiterlebten. Noch im 19. Jahrhundert wollte der amerikanische Volkskundler Leland in verschiedenen Büchern den Nachweis erbringen, wie sehr gerade unter den Weisen Frauen der abgelegenen Gegenden »der alte Glaube« weiterlebte und im geheimen die Sagen um die Götter aus vormittelalterlicher, sogar vorrömischer Zeit bestanden: Daß die Menschen in diesen Gebieten darum sehr gern ihren Gesichtern von vollkommenen, glücklichen Zuständen die Ähnlichkeit mit den noch immer verehrten Bildern aus dem Zeitalter einstiger Kulturen gaben, ist einleuchtend.[7]

Nördlich der Alpen sind die Träume und Mythen um die antiken Götter selbstverständlich seltener. Immerhin hörte ich noch in der französischen Waadt in den westlichen Alpen, die ein wichtiges Kerngebiet der Burgunderreiche war, die Geschichte von Bacchus, »der den Wein brachte«. Gelegentlich wird behauptet, ob die Sage nun ursprünglich volkstümlich ist oder von gelehrten Chronisten ins Land gebracht wurde, »daß die einheimischen Hexen diesen stets wie ein schöner Mann vorgestellten Gott noch lange anriefen«.[8]

Mag dazu die antike Göttin Diana als eine Führerin des Hexenvolkes auch für Deutschland recht gut bezeugt sein, so finden wir in unserem Gebiet von Mitteleuropa selbstverständlich andere Gestalten, die das Hexenvolk in seinen Gesichten geschaut haben soll: Wir erwähnten schon Frau Holle oder Holda, die ihren Gästen in den Träumen die Kunst der Liebestränke und ähnlicher Mittel, ein glückliches Leben zu führen, gelehrt haben soll.[9]

Übereinstimmend mit der Sage bei Mereschkowski sehen auch die Schläfer in den Alpengeschichten, selbstverständlich der angrenzenden deutschen, französischen, rätoromanischen und slawischen Gebiete, das Traumvolk sehr häufig bezaubernd schön. Prächtige Kleider werden gelegentlich ausdrücklich erwähnt. Das Fest des »Nacht-Volks« findet in einer paradiesisch blühenden Gegend statt oder gar in königlichen, fröhlich erleuchteten Schlössern. Auf großen Tafeln stehen die auserlesensten Speisen und Getränke, und eine Musik, die gelegentlich als geradezu »himmlisch« geschildert wird, sorgt für die allgemeine Hochstimmung.[10]

Etliche Sagen erzählen freilich, daß der Gast des glücklichen Feenreichs auf einmal unsicher wurde und trotz der wunderbaren Umgebung, die ihm anscheinend die baldige Erfüllung all seiner

Wünsche versprach, erschrak. In einem Augenblick verwandelten sich dann die adelige Gesellschaft und die märchenhaften Musiker in häßliche und alte Bettler in zerlumpten Trachten. Die grüne Gegend wurde gleichzeitig zu einer schauerlichen Einöde, etwa zu einem vereisten und kalten Berggipfel oder zu einem gefährlichen Waldsumpf. Oder – »alles wurde mit einem Donnerschlag in Dunkelheit gehüllt«...

Die Volkssage erzählt aber auch, daß das Fest der Nacht für die meisten seiner Besucher, »wenn sie es richtig anstellten«, in jeder Beziehung glücklich ablief. Sie freuten sich an der vollkommenen Umgebung und empfingen von allen den Wesen, denen sie in ihrem Traum begegneten, die besten Räte und Ermutigungen. In der Freude der Bilder, die sie umgaukelten, vergaßen sie die Zeit. Die Lust, die sie empfanden, schien ihnen »eine ganze Ewigkeit« zu dauern.

»Wenn der Hahn krähte«, flogen sie wieder zurück und erwachten in ihren Betten. Das Geschehen der Nacht hatte ihnen aber die Kraft gegeben, daß sie mit vermehrter Unternehmungslust und damit Lebenskraft ihre Wirklichkeit des Tages meisterten.

Die Menschen unserer Vergangenheit, die solche Träume erlebten, waren auf alle Fälle überzeugt, daß sie dank ihnen in jeder Beziehung eine Erneuerung für Seele und Leib genießen konnten. Dies glaubten von ihnen auch die in stumpfen Ängsten versinkenden Massen der beginnenden europäischen Stadtzivilisation und der zunehmenden Religions- und Klassenkämpfe seit dem 15. Jahrhundert. Es war darum für die Ketzerjäger leicht, die Vertreter der entsprechenden Bräuche als Menschen mit besonderen magischen Kräften zu verleumden, die sie angeblich vom Teufel selber bekommen hätten. Neidischer Pöbel war nun überzeugt, daß die Hexen wirklich nächtlich »auf dem Besen herumflogen« und sah schadenfreudig zu, wenn man zu Sündenböcken erklärte Mitmenschen zum Scheiterhaufen schleppte.

Der *Hexenhammer* ist das 1487 zuerst gedruckte Buch für Juristen, nach dem man nun ein ganzes Zeitalter hindurch wohl Millionen von Vorfahren als »Hexen« bespitzelt, verhört, gequält und häufig genug hingerichtet hat. Aber auch hier schimmert durch, daß die gebildeteren Verfolger recht gut wußten, daß zumindest ein sehr wichtiger Teil der bekämpften Überlieferungen die lebendigen Märchenträume ihrer gehetzten Opfer waren. Wenn die Hexen »etwas Heimliches für sich oder andere Menschen von den Dämonen erfahren wollen, werden sie darüber durch Träume unterrichtet«. Das Verfahren, zu den entsprechenden Gesichten zu kommen, wird übrigens im *Hexenhammer* einfach genug geschildert: Die Menschen, die entsprechende »Vision der Einbildung« haben wollten, pflegten sich zum Einschlafen »auf die linke Seite zu legen«.[11]

Im Volk blieb aber das sichere Bewußtsein, daß sogar der Name »Sabbat«, den die Weisen Frauen für ihre Traumfeste verwendeten, ursprünglich etwas Gutes, einen befriedigenden und heilenden Zustand für Geist und Körper bedeutete. Es war dies der alte Name für den Samstag, den Tag nach der Arbeitswoche, die Zeit der Versöhnung mit sich selbst und andern, an dem nach der Bibel auch Gott nach der Schöpfung feststellte, daß die Welt ein an sich vollkommenes, erfreuliches Kunstwerk ist. Dieser Tatsache hätten eben, wie eine alte Heilerin aus dem Emmental einem befreundeten Psychologen und Volkskundler berichtete, die Menschen in frommen ländlichen Gemeinschaften noch im letzten Jahrhundert gedacht und nachgeträumt. (Daß sie sich dazu gern in abgelegene Hütten ihrer bergigen Heimat zurückzogen, »um gute Zeit zu haben, sich in Ruhe zu sammeln«, erzeugte freilich bei abergläubischen Nachbarn noch immer genug Mißverständnisse, genau wie in den knapp vorangegangenen Zeiten der blutigen Ketzerverfolgungen.)

Ein anderer Kenner der volkstümlichen Astrologie und auch der Traumbücher von gestern verwies uns ergänzend auf eine wichtige Tatsache: Es ist im Landvolk noch immer die recht verbreitete feste Überzeugung, nach der der Samstag, der Sabbat, der Tag des Saturn ist – schließlich heißt er darum auch in der englischen Sprache Saturday, der Saturn-Tag. Nach einer antiken Lehre war nun der Saturn auch der Name eines weisen Königs der Urzeit, der geradezu göttliche Wissenschaften beherrschte. Den Vorfahren habe er eine Fülle von friedlichen Tätigkeiten beigebracht, was zum Grund wurde, daß man der Tage seines Daseins bis in die Gegenwart als einer »Goldenen Zeit des Glücks« gedachte.

Diese Auffassung findet sich im übrigen auch in den eigenartigen und unterhaltenden Chroniken, die noch lange eine Hauptquelle der Allgemeinbildung der Heiler in den Dörfern blieben: »Derwegen die Heiden alle die Menschen vergöttert und angebetet haben, die wie Saturnus... sonderbare, ihnen damals verborgene Wissenschaften gehabt haben; solche Menschen haben sie zu den Sternen gezählt...«[12]

Viele Sagen, die nun das Traumfest unserer Vorfahren umgeben, wirken tatsächlich als die Gesichter einer Goldenen Zeit, nach der die Sehnsucht sicher in uns allen vorhanden ist. Alle Geschöpfe, die der Träumer in den Bildern des »Sabbats« sah, ergreifen sich bei der Hand und beginnen einen seligen Reigen. In verschiedenen Erzählungen gehen die Bilder und Phantasien noch viel weiter: Der Traumtänzer erkennt seine vom wunderbaren Glanz erfüllte Umgebung als einen endlosen Schatz köstlicher Geheimnisse. Jedes Kraut offenbart ihm seine nützlichen Kräfte und Wunder. Aus dem Erdboden glänzen Gold und Edelsteine herauf. Genau wie im Renaissance-Traum bei Mereschkowski sogar das Raubtier Panther zu einer liebenswürdigen Katze wird, sind auch im Hexensabbat des Nordens auf einmal die Geschöpfe, die der Aberglaube zu verteufeln versuchte, zum Beispiel Katze, Eule, Fledermaus oder Kröte, nützliche Genossen des Menschen.[13]

Auch die Überlieferung der Alpen und anderer Gegenden Europas scheint uns damit zu bestätigen, daß in unserer Vergangenheit die »heilende Kraft« der offenbar sehr klar und lebendig »besuchten« Traumländer kaum weniger bekannt war als in den neu entdeckten Volkskulturen der andern Erdteile. Die Welt der nächtlichen Phantasien wurde nicht gefürchtet, sondern man kannte eine Fülle von Möglichkeiten, in sie bewußt einzutauchen. Etwa den innerlich folgerichtig gedachten Wunsch, bestimmte Gegenden und Menschen zu schauen, bestimmte Kräutermischungen oder auch nur die Art, wie man sich ins Bett zum Schlafen niederlegte.

Unbestritten gab es die Seelenkunst, auch Alpdrücke in lustvollen »Gesichten« aufgehen zu lassen, die einen wichtigen Beitrag zur Erholung und damit zur Stärkung der Kräfte in unserem Innern leisteten.

Dämmerung der Traumwelt

Die Traumbücher waren in Mitteleuropa, zumindest bis ins 18. Jahrhundert, allgemein verbreitet, in den östlichen Reichen unseres Erdteils und in den anschließenden asiatischen Ländern selbstverständlich viel länger. Erst die unmittelbare Vergangenheit entfesselte die maßlose Verfemung des ursprünglichen Volksglaubens, dies auch in Fällen, wo er zweifellos aus der Erfahrung von Jahrtausenden entstanden war.

Für Deutschland und die anschließenden Länder können wir aus den erhaltenen alten Schriften gut nachweisen, daß es gerade die religiösesten, frömmsten Volksschichten waren, die am folgerichtigsten an »ihren« Traumbüchern hingen. Auch Menschen, die dem Kirchenleben nahestanden, empfahlen diese Werke von ganzem Herzen, nicht zuletzt offensichtlich wegen den günstigen Auswirkungen der berühmten »Schlaf-Kunst« auf die geistige und leibliche Gesundheit ihrer Anhänger. Wie das Volk heute noch weiß, mieden diese, zumindest in den Stunden vor der Nachtruhe und teilweise überhaupt, »alles, was das lustvolle Träumen vertreiben oder zumindest stören kann«, also zum Beispiel besonders Kaffee und andere »aufregende« Getränke oder das übermäßige Saufen und Tabakrauchen.

Ein Traumbuch von 1753 belehrt uns in diesem Sinne: »Diese Weissagung künftiger Dinge ist auch unserem christlichen Glauben keineswegs zuwider, weil solche Träume allein nüchternen und vernünftigen Personen vorkommen, die nicht mit Speis und Trank überladen, oder anderer Üppigkeit ergeben sind. Denn was solchen groben und unverständigen Leuten, die ohne Ordnung und alle Vernunft wie das Vieh... in aller Fülle und Unmäßigkeit leben, von Träumen oder nächtlichen Gesichten vorkommt, ist nichts anderes denn Phantasie von den Dingen, damit sie des Tages umgehen... Denn es träumet auch den unvernünftigen Tieren von solchen Dingen, die allein den Leib betreffen.«[1]

Die Träume, die für den Schläfer wichtige Mahnungen und Ahnungen künftiger Dinge enthalten, kamen also nach den alten Deutern »allein den Gottesfürchtigen und Redlichen, welche der Mäßigkeit und Vernunft in allen Dingen gemäß leben«. Man war überzeugt, daß »diese Vorsehung oder Ahnung (wie sie sich also in den Träumen äußern könne. S.G.), die die Alten auch Weissagung genannt haben«, für den Frommen ein Beweis sei, »daß die menschliche Seele zum Ebenbilde Gottes erschaffen worden: Indem es allein dem Menschen (von allen Wesen der Welt) gegeben ist, künftige Dinge... durch gewisse vorhergehende Zeichen zu erfahren.« Es enthalte damit sein Bewußtsein etwas, »welches nur dem allmächtigen Gott zugehöret«, also die Fähigkeit, sich über seine zeitlichen Schranken zu erheben und kurze Einblicke in die Zukunft zu tun – dies sei also »eine gewisse Anzeige« des göttlichen Ursprungs von uns allen![1]

Die alten Traumbücher waren überzeugt, daß ihre Wissenschaft jeder für »gerecht und gut« achten müsse, der erkenne, daß sie »unsere Voreltern mächtig gebrauchet und geübt«. Man pries in den so lesenswerten Vorworten den Inhalt als entstanden aus der Kenntnis der »hohen und trefflichen Künste, so uns Gott der Herr durch unsere Voreltern fleißig und arbeitsam achten und erforschen« ließ – »ihm zu Lob und uns zum Nutzen«.[2]

Der Vorstoß, den die Ideologie der Aufklärung im 18. und 19. Jahrhundert gegen die »Weiber- und Zigeuner-Weisheit« der Traumbücher führte, war zumindest teilweise gegen die volkstümliche Gläubigkeit überhaupt gerichtet. Die eigenständige, überlieferte Bildung, die noch immer stark auf mystisch-magischen Überzeugungen, auf Heiligenlegenden, Rittersagen, Märchen beruhte, wurde durch eine Flut von meistens oberflächlichen Schriften, entstanden aus immer materialistischeren Überzeugungen, ersetzt. »Vernunft« hieß nicht mehr, wie in den angeführten Traumbüchern, ein »mäßiges« Leben, das die glückliche Entfaltung der seelischen Fähigkeiten begünstigt, sondern häufig genug nur das sklavische Mitmachen der Moden der Großstädte, von den dortigen Literatenzirkeln durch ganz Europa verbreitet.

Die Beschäftigung mit den Träumen wurde von den »aufgeklärten« Schriftstellern als »lasterhaftes Lesen« gebrandmarkt, als der wichtige Ausdruck der »unvernünftigen weiblichen Lebensführung«. Man klagte besonders »über die Zeit, die zum Lesen von Romanen, Traumbüchern und anderem nichtsnutzigen Lesestoff aufgewandt wird«. Dies geschehe, »während tugendhafte Bürger ihren Geschäften nachgehen und ihr Haus besorgen«.[3] Damals wurde »geschäftstüchtige« Betriebsamkeit zum Leitbild des Abendlandes; jede Besinnlichkeit war etwas, was dem »tätigen, aktiven« Europäer nicht geziemte und höchstens in die »lüsterne« Haremswelt der »faulen« (!) Morgenländer gehörte.

Besonders alte Familien, die der Traumkunst aus Treue gegenüber ihren Ahnen anhingen, wurden nun vermehrt eine Zielscheibe des Spotts, vor allem deren Frauen. Der in Hamburg erscheinende *Menschenfreund* (1737 bis 1739) schildert zum Beispiel das Schlafzimmer einer Dame mit dem höhnisch erfundenen Namen Clara von Eitelsinn, das mit Kosmetika, Parfüms und Spiegeln angefüllt ist: »Dicht an ihrem Bette fielen mir einige Bücher in die Augen, welche ich sogleich untersuchte. Die ersten zwölf waren Träume und ihre Auslegungen.« Dann kommt ein umfangreiches Werk über Schönheitsmittel und noch 35 Romane, eigentlich anscheinend alles Helden- und Liebesgeschichten.[3]

Wie sehr das Volk, zumindest die an ihren ursprünglichen Überlieferungen festhaltenden Schichten unserer Alpen, noch zu Beginn des 19. Jahrhunderts in ihrer angestammten geistigen Welt lebten, beweist wiederum das *Langnauer Traumbuch.* Hier wird in der Vorrede ziemlich ausführlich von »Gesichten« geredet, »so sich den Menschen oft (!) von des Mond-Scheins Auf- und Abgang zutragen«.[4] Viele Menschen sind dann davon überzeugt, daß sie »mit Geistern, so sie das Wütisheer nennen, herumlaufen: Daß einer, so gehört davon reden, schier vermeinte, daß der Tatbestand so ist (schier vermeynte also zu seyn), daß sie mit Geistern herum gejagt werden.« Es geschehe dies aber nicht wirklich, sondern nur in der nächtlichen Bilderwelt der Träumer, und werde in ihrem »Geblüt von des Mond-Scheins Regierung« hervorgerufen. Ähnlich sei die Einbildung der Menschen, »wie sie auf einem Stecken, Schemel oder (auf einer) Katzen, auf Brateln Matten, Bowald (sagenhafte Orte der Schweiz, auf denen die Hexenversammlungen stattfinden sollen! S.G.) oder einem Holz zu einer Versammlung der arbeitseligen Menschen kommen oder getragen werden«.[4]

In volkskundliche Bücher, die besonders im 19. Jahrhundert erschienen, fand nun die Sage »von dem nächtlichen Umzug des ›wütenden Heeres‹, das auch und wohl ursprünglicher und richtiger Wuotunges, Wuotas und Muotas Heer heißt«, überall Eingang.[5] Man verspottete diese Geschichten gern als »rückständigen Aberglauben«, als eine Überzeugung der Menschen, daß sie wirklich mit dem Sturmgott Wodan, »dem Wilden Jäger«, herumlaufen könnten. Für Kenner aber, die von diesen »Gesichten« nicht nur von unklarem Hörensagen vernahmen, waren diese Geisterwanderungen noch im Volk sehr häufige Traum-Abenteuer!

Es ist nun bezeichnend, daß wir in unsern Traumbüchern, die im 18. Jahrhundert und während der Umwälzungen durch die Französische Revolution und den Durchzug der Massenarmeen Napoleons erschienen, offene Bekenntnisse zu Sitte und Brauch nach der Art der in jeder Beziehung wegen ihrer Weisheit gerühmten Ahnen finden. »Es ist bei aller Welt jetzt sonderlich im Brauch, und nimmt noch je länger je mehr zu von Tag zu Tag«, wird hier zu Beginn des 19. Jahrhunderts festgestellt, daß man die uralten Künste »verachtet, verwirft, vertuschet«.[6] Dies wird aber folgerichtig als ein Ausdruck des allgemeinen Verfalls angesehen, damit die Herausgabe und der Besitz von Traumbüchern sozusagen als ein Bekenntnis zum Geist und der gesellschaftlichen Ordnung der »Voreltern«.

Aus dem Inhalt der gleichzeitigen Traumbücher, wie sie damals noch oder wieder gedruckt wurden, begreifen wir die ganze Bewegung der Romantik, wie sie gerade im ausgehenden 18. Jahrhundert entstand. Auch die gebildeten Schichten, denen die einseitige Verherrlichung der materialistischen »Geschäftstüchtigkeit« nicht zusagte, beschäftigten sich vermehrt mit alten Überlieferungen. In den geschilderten volkstümlichen Liebes- und Ritterromanen, die in den verschwiegenen Bibliotheken der Schlafzimmer ihr Dasein führten und, wie man noch immer weiß, »einst besonders gelesen wurden, um in der Nacht schöne Träume zu haben«, suchten sie nach dem tieferen Sinn.[7]

In der Betriebsamkeit ihrer Zeitgenossen sahen sie einen Leerlauf ohne Zweck und Ziel, und in der Volksgläubigkeit glaubten die romantischen Wissenschaftler und Dichter überall, wenn auch gelegentlich stark vom Aberglauben der Jahrhunderte der Hexenverfolgungen verdunkelt, ein uraltes Wissen über die hohen Anlagen der menschlichen Seele. Besonders deutlich wird eine solche Überzeugung in den damaligen Romanen, die zwischen Wirklichkeit und Traum spielen — etwa im *Heinrich von Ofterdingen* des Novalis oder im *Guido* des Otto Heinrich von Loeben.

Während der deutschen Romantik war man überzeugt, wobei man sich solche Gedankengänge zweifellos von den Nomaden bestätigen ließ: »Das Prophetentum schreibt sich aus dem grauesten Altertume her; es war Anfang der Religion, wie Poesie der Anfang jeder Volksbildung ist. Darum gingen beide immer Hand in Hand. — Unsere Altvordern... hatten Propheten — sie kreierten sogar weiße Pferde dazu — und glaubten an Prophezeiungen. Später übernahmen Pilgrime, Mönche, Heiligenbilder, Schwärmer verschiedener Sekten das heilige Amt, bis es in die Hände der Zigeunerinnen geriet, worin es sich nicht ohne Ansehen bis auf den heutigen Tag behauptet hat. Nicht bevorrechtet sollte aber diese Rasse (also die Gesamtheit der Stämme der Zigeunerinnen! S.G.) sein...«[8] Im Scherz und Ernst wurde also die Auffassung vertreten, daß, wenn sich Vertreter der europäischen Völker bei Zigeunerinnen in die verschiedenen Künste des Wahrsagens einweihen lassen, sie nur jene ererbten Fähigkeiten wiederentdecken, die einst auch bei ihren Altvordern die Kräfte der Phantasie entfesselten.

Ob man sich, wie die meisten Aufklärer, darüber bitter ärgerte oder, wie die Romantiker, sich darüber innerlich freute: im 18. und 19. Jahrhundert gelangte man sogar häufig zur Erkenntnis, daß sich für breite Volksschichten seit Jahrtausenden herzlich wenig änderte. »Sind wir gescheiter zu unserer Zeit?« fragte etwa spöttisch der Dichter Uz, und er stritt es dann ab: Zur Zeit der vorgeschichtlichen Germanen habe man blind den »prophezeienden Matronen« geglaubt, also den Weisen Weibern, denen man die Anlage zum Weissagen zuschrieb. Heute höre man aber immer noch und kaum weniger auf »kluge Frauen! Zeichendeuter! Zigeuner!«[9]

Wer sich nicht in diese Tatsachen mit Hilfe der Zeugnisse der alten Schriften und der noch lebendigen Volkssage hineindenkt, wer also nicht begreift, welche Bedeutung die Ruhe der Nacht, Schlaf und Traum für die Kultur der Ahnen spielten, begreift kaum etwas von unserer unmittelbaren Vergangenheit.

Wir sahen aus den gegen die Traumkultur kämpfenden Schriften der Aufklärer des 18. Jahrhunderts, welche Bedeutung die Schlafzimmer und deren Einrichtungen für die vornehmen Damen besaßen. Spiegel und die vielfältigen Mittel, die Schönheit zu steigern, waren äußerst wichtig. Dies erkennen wir im übrigen schon daran, daß alle diese Gegenstände, von den Puritanern als Ausdruck einer »sündigen Eitelkeit der Weiber« beschimpft, damals noch häufig von den besten Kunsthandwerkern verfertigt wurden. Die Einfassungen der Spiegel und der für Schönheitsmittel, Duftstoffe, Salben benötigten Behälter zeigten dann Bilder aus den Göttersagen und tiefsinnige Sternen-Sinnbilder aus der Astrologie.

Entsprechend waren selbstverständlich auch die Bilder, wie man sie noch immer an den Wänden der Schlafzimmer der noch erhaltenen Herrensitze und Schlösser des 18. und 19. Jahrhunderts bewundern kann. Auch auf diesen sah man regelmäßig grüne Feenlandschaften mit schönen Nymphen und ähnlichen vollkommenen Wesen. Man war eben davon überzeugt, daß eine »harmonische« Umwelt dieser Art auf den sich zur täglichen Ruhe bereitenden Menschen eine heilsame Wirkung ausübe — und ihn zu den allerbesten Träumen geleite.[10] Das Schlafzimmer wurde dadurch geradezu zu einem »Tempel der Träume«, wozu selbstverständlich die zahlreichen entsprechenden Bücher, »griffbereit am Bette«, nicht wegzudenken waren. Neben all den Bänden zur eigentlichen Traumkunde gehörten dazu die erwähnten Geschichten um Helden und die großen Liebenden aller Jahrhunderte.

Die Liebe zu den Traumwelten findet sich damals selbstverständlich nicht nur beim Adel oder bei den wegen ihren Wahrsagekünsten besonders verfolgten Zigeunern. Auch von Bauern im eigentlichen Alpengebiet konnte ich noch vernehmen, wie ihre Vorfahren den Schlaf »heilig« hielten, weil sie vollkommen davon überzeugt waren, »daß die unsterbliche Seele dann, wenn der Lärm des Tages schweige, ihrem Gott nahe sei und von ihm die Ahnung großer Dinge bekommen könne«.

Als Beweis für dieses alte einheimische Wissen um die Heiligkeit des Schlafs verwies man mich auf die Bemalung der Decken von Himmelbetten, auf denen man häufig Heiligenbilder oder auch die Sterne sah. »Man sah sie beim Einschlafen, und sie sollten den Träumer ins Paradies oder auf die Sternenwiese versetzen, auf der er sich Gott nahe fühlte.«

In einem Buch des 18. Jahrhunderts finden wir sogar noch die Überzeugung des Begründers einer ländlichen Gemeinschaft, nach dem die Kunst des Volkes die ganze Zeit im Bett als gottgefällig ansah. »Er sehe an der Himlezen der Bettstatt (also am verzierten Betthimmel, S. G.) einen großen Glanz, ja Sonne, Mond und Sterne, als ein Zeichen, daß solche Handlung Gott nicht müsse mißfällig sein.«[11]

Doch während die Traumbücher und ähnliche Schriften in unserer Zivilisation folgerichtig verketzert und verbannt wurden, bewahrten sie in Altstädten und Dörfern ihre ursprüngliche Beliebtheit. Der bekannte Volkskundler Johannes Bolte schilderte 1925 seine Eindrücke, als er »vor einigen Jahren einmal in einem Berliner Buchbinderladen, wo die vom vornehmeren (? S. G.) Lesepublikum verschmähte Volksliteratur ihr Dasein führt«, einen Besuch abstattete. Vorsichtig, aber sachlich, stellt auch dieser Wissenschaftler für jene Zeit fest: »Der unausrottbare Drang des Menschen, den über seine eigene Zukunft gebreiteten Schleier zu lüften, hat zu allen Zeiten zu abergläubischen Künsten und Prozeduren geführt; er veranlaßt noch heute das Bleigießen in der Silvesternacht, das Kartenlegen, das von klugen Frauen aller Groß- und Kleinstädte als einträgliches Gewerbe betrieben wird, und hat auch eine üppig wuchernde Literatur von Wahrsageschriften, Traumdeutungen und Punktierbüchern hervorgerufen.«[12]

Der ganze Glaube an die Heilkraft von Schlaf und Traum erhielt sich auch auf ganz verschiedenartige, für den Erforscher der neueren Kulturgeschichte aber gleichermaßen wichtige Weise in der volkstümlichen Heilkunst. Diese blühte auch stets während den Weltkriegen und Wirtschaftskrisen unseres Jahrhunderts auf, wenn die gequälten Menschen verzweifelt nach Möglichkeiten der Erneuerung ihrer Lebenskräfte zu suchen begannen. Stets waren solche Bewegungen mit Versuchen verbunden, die Erfahrungen der Vorfahren neu zu entdecken und auf zeitgemäße Art für sich nutzbar zu machen.

Eine Naturheilkundige und Besitzerin einer Lebensschule in den Alpen lehrte beispielsweise in der Hetze der zwanziger Jahre: »Wie glücklich waren dagegen unsere Vorfahren, die noch bei Petrollampe oder Kerze am Abend nur die allernotwendigsten Arbeiten verrichteten, in der Dämmer-(Schlummer)stunde die herrlichsten Märchen und Anekdoten austauschten und mit der Dunkelheit in die Federn krochen. Die schliefen tief und fest in den Sonnenaufgang, wußten trotz schwerer Tagesarbeit nichts von Nervosität und schlechten Träumen«.[13]

Entdeckungen der Gegenwart

Die Gleichschaltung der Kulturen durch die technologische Zivilisation, die leider mit einer Verachtung der verschiedenen Stammesüberlieferungen und ihrer Werte in einem bedauerlichen Zusammenhang stand, brachte über einen großen, angeblich rückständigen Teil der Bevölkerung Europas Leiden ohne Ende. In einem ausführlichen Beitrag über das Schicksal der unter Zwang »seßhaftgemachten« Nomaden im Alpengebiet, einem peinlichen Vorgang des 19. und des ersten Teils des 20. Jahrhunderts, stellt eine Untersuchung fest (sie stützt sich auf die Zeugnisse von zahllosen noch lebenden Opfern und auf die von wissenschaftlichen Erforschern des Vorgangs): »Die Angepaßten werden von der Angst umgetrieben, immer wieder entdeckt und dann doch verachtet zu werden von den Gerechten. Manche sind von Selbsthaß erfüllt, schämen sich ihrer Vergangenheit, ohne sie je ganz loszuwerden.«[1]

Hier geht es um die sehr zahlreichen Nachkommen von einheimischen Nomadenstämmen, die man etwas vereinfachend als »Zigeuner« zusammenfaßt. Nicht weniger qualvoll als bei solchen Erben der Sippen, die noch im letzten Jahrhundert umherwanderten, sehen wir aber den Vorgang des Verschwindens in den Massen der Großstadt auch bei Menschen, die von andern Volksgruppen abstammten. Wir schilderten bereits die während Weltkriegen und Revolutionen gestürzten Schichten mit überlieferter Bildung in Osteuropa. Erwähnen müßte man ländliche Gruppen, die durch rücksichtslose Wirtschaftsvorgänge entwurzelt, »proletarisiert« wurden.

Dann sogar die kleinstädtischen Handwerker, deren schöpferische Tätigkeit durch Maschinenware scheinbar überflüssig wurde, usw. Aus diesen Vorgängen entstand in der Gegenwart eine Fülle seelischer Leiden, die bewirkte, daß aus der alten Traumdeutung Forschungen entstanden, die Wege suchten, den ratlosen, sonst haltlos den Massenideologien verfallenden Menschen irgendwie zu helfen. Inwiefern sie aus den Überlieferungen von Altertum und Mittelalter, gehütet in abgelegenen Kulturkreisen, ihre Anregungen suchten, müßte heute neu zusammengestellt werden.

Hier nur ein kleines Beispiel: Meine Großmutter pflegte mich schon als kleines Kind bei Alpdrücken zu beruhigen, »daß im Kaiserreich der Träume (w zarstwe snow) mit seinen Nachtmahren und Kobolden (s kikimorami i bukami) eine umgekehrte Welt sei«. Ähnlich stellt zusammenfassend der Ethnologe Egli fest: »Die fernöstliche Traumdeutung hat seit je eine der grundsätzlichen Erkenntnisse Freuds vorweggenommen: die Entstellung der Träume. Sie bedeutet, daß sich der manifeste (was wir vom Traum wissen) und der latente Trauminhalt (was hinter dem Traum verborgen liegt) nicht decken. Der latente ist vielmehr entstellt. Wenn er nicht gar das Gegenteil bedeutet von dem, was er darstellt.«[2]

Zu diesem guten Beispiel: Für den indischen Traumdeuter Jaggadeva bedeutet der Traum von einem Leichnam Glück. Auch für das berühmte chinesische Traumbuch des Herzogs von Chou verweist der Tod, den man im Schlaf schaut, auf Leben.[3] Unser Langnauer Traumbüchlein lehrt übereinstimmend: »Tod sehen seines Ahnherrn« bedeute »Sicherheit und Freud'«; »tot sein (selbst) und wieder lebendig werden« verkünde für die Zukunft »Ehr und Gut«; wenn man Tote im Traum küßt, so sei es gar ein Anzeichen für ein »langes Leben«.[4] Ganz ähnlich lesen wir es sogar in den neuen, noch immer im Volke umgehenden Büchern der Deuter, die als Ägypter oder Zigeuner bezeichnet werden: »Von den Toten zu träumen ist kein Grund zur Beunruhigung. Es deutet in der Regel auf ein langes Leben des Träumers hin.«[5] Oder wiederum: »Tot, sich selbst sehen – langes Leben.«[6]

Der Berner Psychologe Hans Zulliger, der auch als Kenner der einheimischen Sagen einen sehr guten Namen besaß, versicherte mir dauernd, gestützt auf seine Erfahrungen mit vielen Vertretern der Kreise um Sigmund Freud und C.G. Jung: »Die alten Traumbücher und das mündliche Wissen der Traumdeuter enthalten das Wissen von Jahrtausenden. Die moderne Seelenforschung, die psychiatrischen Schulen unseres Jahrhunderts, bekamen von hier sehr wichtige Anregungen, weil ihre großen Vertreter in der ›Bohème‹ verkehrten, in Wirtschaften, in denen Künstler, entwurzelte Adelige, Zigeuner einander begegneten.« Auch er wußte damals dafür gute Beispiele, die als ihre Schauplätze vor allem Wien, München, Tessin hatten.

Von den genialen Seelenforschungen des Franzosen Robert Desoille stellt zum Beispiel Marcel Burner (Lausanne) fest: »Es sei jedoch daran erinnert, daß der gelenkte Wachtraum nicht zufällig um das Jahr 1925 entstanden ist, das heißt, in der Periode des Surrealismus und des großen Interesses für das Unbewußte, ganz besonders in Frankreich.«[7] Wenn wir solchen Hinweisen nachgehen, kommen wir wiederum auf die phantastische Bohème und die daraus entstandenen, aus Traum und Sage ihre Ideen entnehmenden Künstlergruppen zwischen den Weltkriegen wie eben Dadaismus oder Surrealismus.

Herbert Silberer, der lange vergessene Gräber nach altem Wissen in den Kreisen um Freud und Jung, versicherte ebenfalls vorsichtig: »Das Vorkommen typischer Symbole erleichtert dem Kundigen oft die Analyse der Träume. Und auf der Voraussetzung typischer Symbole beruhen natürlich ganz und gar die Traumbücher. Soweit diese auf alten Traditionen beruhen (in die sicherlich Beobachtungen eingegangen sind), überraschen sie stellenweise durch ganz hübsche psychologische Einsichten.«[8]

Sigmund Freud hatte in seinen *Vorlesungen zur Einführung in die Psychoanalyse* geradezu vorgeschlagen: »Bekennen wir uns nur zum Vorurteil der Alten und des Volkes und treten wir in die Fußstapfen der antiken Traumdeuter.« Er deutete sogar an, »daß er telepathische Träume für möglich hielt«, und er berichtete, »daß er ›im intimen Kreise‹ telepathische Experimente ausgeführt habe«.[9]

Als sich die Jugendbewegungen der sechziger Jahre, wir erinnern nur an das »Hippiejahr 1966«, aus Enttäuschung über eine materialistische Zivilisation wieder zum Glauben an die Kräfte der Seele und das Wissen in alten Kulturen wandten, war dies ein elementares Wiedererwachen. Nun kamen für jedermann wieder Traditionen zum Vorschein, die in gewissen Volksschichten noch erhalten waren und von »intimen Kreisen« der Gebildeten sogar weitergepflegt wurden.

Von der Krise der ausgehenden Sechziger stellt einer ihrer Augenzeugen, Musiker und Mitgründer einer kulturkritischen Zeitschrift fest: »Es passieren in vielen gesellschaftlichen Bereichen unglaubliche Dinge, phantasievolle Dinge. Verschiedene Minderheiten stärkten ihr Selbstvertrauen, ihre Identität, äußerten sich, kamen aus ihren Verstecken hervor.«[10]

Schriftliche und mündliche Berichte wie den folgenden kann jeder, dem es ehrlich um ein Verständnis der Kulturgeschichte unserer Gegenwart geht, ohne Zahl zusammenstellen. »Die Hippie-Bewegung der sechziger Jahre war vom Schamanismus geprägt. Ich persönlich habe damals fast ein Jahr lang in einem Tipi gelebt. Schamanismus ist eine wichtige Erfahrung, durch die man hindurchgehen sollte.«[11] Es fand eine Wegwendung »von der Vernunft (reason)« statt, selbstverständlich nur in dem Sinne, »wie die Aufklärer die Vernunft begriffen hatten. Sie (also die in den Bewegungen der Sechziger geprägten jungen Menschen, S. G.) sind zum Auffinden und Erschaffen einer neuen Überlieferung bereit«.[12] Man wollte eine Welt entdecken oder wiederentdecken, wie sie in der Zeit der eigenen Eltern fast vollständig totgeschwiegen worden war.

Die Trachten der damaligen Hippies oder Sternenleute, wie sich damals die neuen Sippen zu nennen begannen, wurden zum Beispiel in verständnislosen Zeitungsberichten als »vergängliche« Moden mißverstanden. Man spottete über junge Europäer, die sich in ihrer Kleidung auf einmal an das Vorbild nordamerikanischer Indianer, einheimischer Zigeuner, nepalesischer oder afghanischer Nomaden hielten. Mögen tatsächlich damals ganze Massen, vor allem die Besucher der Veranstaltungen von ekstatischer Musik, solchen Brauch verständnislos nachgemacht haben – dessen Sinn ging viel tiefer: In ihrem Auftreten wollten sich die jungen Europäer zu den wenigen Kulturen bekennen, die bis in die Gegenwart treu an ihren grundeigenen Werten festhielten.

Dutzendfach wird jetzt, gut fünfzehn Jahre später, über den ganzen eigenartigen Vorgang festgestellt: »Als man im Zuge der Gegenkultur der sechziger Jahre begann, sich mit den Ursprüngen der eigenen Zivilisation zu beschäftigen, fanden viele den Weg zu vergessenen Stämmen... Heute liegt mehr als ein Jahrzehnt zwischen der Blüte des neuen fahrenden Volkes in den abenteuerlichen Gewändern und unsern langsam verblassenden Erinnerungen daran. Aber mehr als je zuvor hat sich jenes Erfahrungsgut dieser Zeit... im Schrifttum festgesetzt«[13]

Wichtig wurden, wie wir soeben sahen, die Erforschungen der Schamanen, dieser vor allem im ural-altaischen, tatarisch-sibirischen Kulturkreis (und bei den wesensverwandten Indianerstämmen) so verbreiteten »Heiler und Seher« – mit ihrer Fähigkeit aus Vererbung und Überlieferung, »Seelenreisen« zu unternehmen. Auch die russische Parapsychologie begann, nach einem langen Kampf gegen diesen angeblich »rückständigen Aberglauben«, sich um solche noch immer in Sibirien und etwa im buddhistischen Volk der Kalmücken verbreiteten Anlagen zu kümmern.[14]

In die sechziger Jahre der Hippies gehören die Forschungen zum nordamerikanischen Schamanentum, vor allem die des umstrittenen Carlos Castaneda. Hier entstand eine wahre »Para-Ethnologie«. Die Völkerkunde wurde nun von Millionen der jungen Menschen vermehrt als ein Mittel empfunden, in Stämmen mit erhaltenen Traditionen auch für uns hochwichtige Nachrichten über schöpferische Kräfte der Seele zu sammeln und zu erforschen. Gerade die Bücher von Castaneda regten weltweit auch die moderne Psychologie an.[15]

Noch wichtiger wurden für die neue Seelenkunde und ihre zahllosen Schulen, in denen allen der zivilisierte Mensch nach seinem verlorenen Gleichgewicht sucht, die Erfahrungen der Anthropologen mit dem Volk der Senoi in Malaysia. Diese Stämme beherrschen weitgehend die Kunst, »klar« (luzid) zu träumen, das heißt, in ihren Gesichten der Nacht das Bewußtsein zu bewahren, daß sie eben träumen.[16] Schon die Kinder entwickeln diese beneidenswerte Fähigkeit; sie lernen auch, ihre Abenteuer im Schlaf möglichst vollständig als erfreulich zu verstehen und damit als eine besondere Lust ihres erfüllten Lebens zu empfinden. Auch hier bestätigten die Findungen der Völkerkunde die europäische Seelenforschung, die feststellte, daß solche Erfahrungen fast in jeder Beziehung unsere Phantasie im guten Sinn stärken und damit zu unserer Gesundheit und unserem inneren Glück beitragen können. Ein deutscher Psychologe, der sich im übrigen ebenfalls auf die gelebten Lehren der Senoi und der Indianer-Schamanen stützt, stellt fest: »In Klarträumen sind bewußtseinserweiternde Erfahrungen möglich – ohne Einnahme von Drogen.«[16]

Fast noch wichtiger war seit den sechziger Jahren die Auswirkung der Flucht vieler kluger Menschen aus dem Himalayaraum, dem tibetanisch-indischen Kulturkreis, vor dem Versuch der maoistischen Bürokraten, die uralten schamanistischen und buddhistischen Volkskulturen auszurotten. Hier verkündete man seit jeher die unglaublichen Möglichkeiten des »Traumyoga«: »Man muß, wie die Texte sagen, den Traumzustand ›erkennen‹, sich dessen bewußt sein, daß man träumt, ohne deswegen aufzuwachen. Hat man gelernt, dies einigermaßen durchgängig zu tun, kann man weitergehen und die Traumerfahrung in ihrer ganzen Vielschichtigkeit erforschen.«[17] In einem Gespräch mit dem erwähnten Anreger Castaneda sagt der Inder Swami Muktananda: »Einige Traumerlebnisse tragen außerordentliche Früchte. Was deinen Geist intensiv interessiert, zeigt sich in Träumen. In Indien gab es einen Heiligen, namens Tukaram Maharaj. Er erhielt seine spirituelle Einweihung in einem Traum. Als Ergebnis davon erlangte er Vollkommenheit.«[18]

Verschiedene der Erforscher der Träume der »vergessenen« Stämme von Nordamerika oder Hinterindien erklären offen, daß sie hier eine Welt wiederfanden, die wohl einst auch ein Wissen der Menschen ihrer Heimat war. Für die Weltreisenden und Abenteurer unter den europäischen Hippies und die jungen modernen Forscher war die Begegnung mit den überlebenden Volkskulturen der andern Erdteile eine Art Suche nach sich selbst.

Auch Patricia Garfield, die besonders geschickt die Ergebnisse der neuen Seelenforschung mit dem Wissen der Senoi verglich, stellt fest: »Viele Briten haben großes Interesse am Okkulten, an Geistererscheinungen, am Übersinnlichen in all ihren Aspekten. So war es unvermeidlich, daß mich mein Weg eines Tages in Buchläden führte, die eine ganz andere Art von Büchern anboten als die weltlichen Bücher, mit denen ich vertraut war. Gewundene Straßen entlang, durch enge, feuchte Gassen, ging ich in altmodische Geschäfte mit Petroleumlampen und Butzenscheiben, wo mir neue Bücher ominös entgegenriefen: ›Lies uns!‹, und ich las sie. Als ich mich in diese Literatur vertiefte, begann meine tastende Suche nach dem Zusammenhang zwischen Traum, luzidem Stadium und dem, was man gewöhnlich mysteriös, okkult oder einfach unerklärbar nennt.«[19]

Auf diesem Weg nach dem verwunschenen Reich des verlorenen Wissens der Vorfahren, für das man neue Bestätigungen zu finden glaubte, entdeckte man auch in den zerfallenen Altstädten und den Slums der Vororte lebende Träger der Überlieferungen, unserer Traditionen, nicht weniger tief als diejenigen, die noch in den abgelegenen Tälern der andern Erdteile erhalten waren! Man könnte sicher ganze Gestelle mit den phantastischen oder auch mehr ernsthaften Büchern füllen, die allein seit den ausgehenden sechziger Jahren zum Brauch der verschiedenen Zigeunerstämme gedruckt wurden.

Eine entsprechende amerikanische Veröffentlichung beginnt auch mit dem Vorwort, das für die Richtung ein gutes Beispiel abgibt: »Ohne Zweifel ist die Wahrsagerei in ihrer vielfachen Erscheinungsform von diesem faszinierenden, rätselhaften Volk, und besonders von seinen Frauen, nicht zu trennen. Sie haben die Kunst des Wahrsagens Jahrhunderte hindurch ausgeübt... Bei der Arbeit an diesem Buch habe ich viele Zigeuner kennengelernt und alles niedergeschrieben, was sie mir anvertrauten. Ich habe unzählige alte Bücher und Manuskripte gelesen, um eine umfassende Sammlung von Zigeunerwissen und geheimen Wahrsagekünsten anlegen zu können, an die man allgemein nicht leicht gelangen kann.« Selbstverständlich enthält auch dieses Buch dreißig Seiten zur »Traumdeutung der Zigeuner«.[20]

Die Jugend war nun einmal davon überzeugt, auch wenn sie bei ihrem Suchen hundertfach in Sackgassen geriet und üble Enttäuschungen erlebte, bei den letzten Vertretern der europäischen Stammeskulturen »Träger der uralten Weisheit und der tiefen Geheimnisse zu finden«.[21] Es gibt kaum einen aktiven Menschen, unabhängig davon, was für einem Lebensbereich er sich nachträglich zuwandte, dessen damaliges Dasein nicht eine wahre Kette von Reisen zu den Orten war, an denen er noch Inseln der großen einheimischen Überlieferung vermutete. Der Kunstmaler Walter Wegmüler, der in seinem ganzen Werk ursprüngliche Traumgesichte gestaltet, schreibt, wie er »während vieler Reisen durch Europa und auch in den damals noch malerischen Wirtschaften von Basel, Bern und Zürich« überall »Brüder und Schwestern«, also Menschen mit ihm wesensverwandten Vorstellungen fand: »Alle kannten sie noch die Überreste der großen Tradition...«[22]

Diese Beschäftigung mit den Traumbüchern und dem ganzen Bereich der noch erhaltenen Sagen und der Volkskunst war selbstverständlich bei den jungen Hippies der Sechziger unbefangen naiv, hatte aber schon seine sehr starken Auswirkungen. In den »unterentwickelten« Gebieten von Europa, von den »rückständigen« asiatischen Ländern gar nicht zu reden, herrschten gegenüber den Menschen der »höherstehenden« technologischen Gebiete starke Minderwertigkeitsgefühle. Als die alten Buchläden und die abgelegensten Wirtschaften der eigenen Städte gerade von jungen Amerikanern überlaufen wurden, »die eine neue Beziehung nach den verlorenen ewigen Werten« suchten, begann überall eine Selbstbesinnung auf die eigenen, in den letzten Generationen fast völlig verlorenen Werte.

Bei uns in Europa sind, genau wie in Nordamerika, die damaligen jungen Sucher älter geworden, und viele von ihnen haben nun einen starken Einfluß auf die neue Erforschung der ganz verschiedenen Gebiete. Wiederum finden wir überall das Hervortreten einer sehr wichtigen Erkenntnis: Dem Menschen nützt kein äußerer Wohlstand, wenn er sich in seinen innersten, sein echtes Wesen bestimmenden Gefühlen unterdrückt fühlt. Geschieht dies, kann ihn sein gequältes Unterbewußtsein durch Alpdrücke quälen — die nur Anzeichen dafür sind, daß er sich zutiefst unglücklich zu fühlen beginnt.

Oder, wie mich einst in Paris ein Traumkenner aus Bessarabien, der aus einer moldauisch-türkischen Familie stammte, lehrte: »Der heutige Mensch vertreibt sich die bösen Träume, die ihn in der Nacht ängstigen, durch lärmige Unterhaltung bis in den Morgen hinein oder durch Pillen, die ihn in einen fast todähnlichen Schlaf stürzen. Würde er aber auf die leise Stimme seiner Träume hören, dann würde er stufenweise wieder sein Leben am Tage so einrichten, wie es seiner ewigen Seele wirklich entspricht; dann würden auch seine Träume immer glücklicher werden. Der Mensch kann nicht leben, wenn er seine Wurzeln unterdrückt.«

Verwandte Erkenntnisse der neuen Erforscher unseres Wesens, darin bestätigt durch Reisen in den Himalaya, zu Indern, Senoi oder auch »nur« zu den einheimischen Althändlern mit den vergilbten Traumbüchern, scheinen dies zu bestätigen: Die Gegenwart steht am Tor zu Entdeckungen auf seelischem Gebiet. Wir beginnen zu begreifen, daß wir in der Jagd nach technologischer Vervollkommnung in keinem Fall das Wissen um die wichtigen Grundlagen unserer seelischen Bedürfnisse und Wünsche vergessen dürfen.

Lehren für guten Traum

Die alten Regeln, »um glücklich im Traumreich wandern zu können und von seiner Seele und den Ahnen wahre Gesichte zu erhalten«, sind zahllos. Ein Traumdeuter aus einer griechisch-russischen Sippe von Odessa, den mein Vater kannte und der noch eine uralte Abschrift des Artemidoros als seinen höchsten Schatz ansah, riet, keine dieser Regeln allen aufzuschwatzen! Man dürfe keins dieser Hilfsmittel, möge es sich noch so sehr für uns selbst bewährt haben, andern »wie ein Gesetz« verkünden. Am besten sei es, man stellt eine Fülle der entsprechenden Bräuche der verschiedenen Völker, die man aus Überlieferung und Erfahrung vernommen hat, zusammenzustellen. Wenn man dann davon jemandem, der glückliche Abenteuer in seinem Traumreich erleben will, erzählt, »dann werde er schon selbst dasjenige davon auswählen, was ihm nach seinem Gefühl am meisten weiterhilft«.

Ich glaube, dies ist die echte Überlegung der ganz großen Traumdeuter der alten Zeit. Gerade vom Griechen Artemidoros, dessen Buch die Jahrtausende überlebte, wissen wir, daß auch er den verschiedensten Bräuchen nachging. Er machte Reisen »durch Asien, Griechenland und die Inseln, um auf den Märkten und in den großen Festversammlungen selbst von den Verachteten der niedern Klasse Kunde von Träumen und deren Erfüllung... einzuziehen, zum Teil auch wohl, um die eigentümlichen Sitten und Gebräuche der verschiedenen Länder und Völker kennenzulernen...«[1] Auch ich durfte die Erfahrung machen, daß, wenn man vor einem größeren Kreis von Zuhörern über die Bräuche der einstigen »Traumkulturen« erzählt, man ganz unbewußt viele der Anwesenden anregt. Anschließend vernahm ich fast jedesmal von verschiedenen der Gäste, dieser oder jener meiner Hinweise habe sie an eine Regel, »um glücklich zu schlafen«, erinnert, die sie noch als Kinder von ihren Großeltern vernahmen, die sie aber später fast völlig vergaßen: Sie hätten nun den Brauch neu benutzt und, dank seiner Wiederentdekkung, zu ihrem Erstaunen schon nach wenigen Nächten die allerbesten Ergebnisse bekommen.

Schon die altindische Medizin versicherte: »Wird der Traum beim Losbinden der Kühe (das heißt, in der Morgendämmerung) geschaut, zeigt er am gleichen Tage ein großes Resultat, wenn er nicht durch Schlaf oder widrige Stimmen beeinträchtigt wird.«[2] Letzteres scheint sich auf die auch in Europa berühmte Regel zu beziehen, daß man, zumindest nach dem Genuß eines erfreulichen Traumgebildes, nicht weiterschlafen, sondern sich erheben und es sich gut, vielleicht mit wohlwollenden Lebensgefährten, vergegenwärtigen soll. Schlummert man wieder ein – dann hat man es schon bald vergessen.

Ganz ähnlich lauten, wenn man die Zeit der besten »Klarträume« erhalten will, zum Beispiel die Erfahrungen der Forscher von heute, so die der Frau Garfield: »Alle luziden Träume erhält man leichter nach mehreren Stunden Schlaf – für die meisten Menschen ist das die Zeit zwischen 5.00 und 8.00 Uhr. Bevorzugen Sie für Ihre Bemühungen diese Zeitspanne.«[3] Hier treten die Klarträume eben dann ein, wenn sich der Körper gut erholt hat und seine Lebenskräfte vor dem Erwachen zunehmen. Dies entspricht offensichtlich dem uralten Rat, vor dem Einschlafen möglichst entspannt zu sein und sich auch nicht mit zu schweren, »giftigen« Speisen zu belasten.

Für die Inder galt die Morgenfrühe, wenn die Göttin der Morgenröte Ushas aufsteigt und sich die ganze Natur erneuert, als besonders »heilig«. Indische Götterbilder, wie ich sie schon in den fünfziger Jahren in den Behausungen des Fahrenden Volkes sah und wie sie heute, nach der Hippiebewegung, in Europa und Nordamerika so verbreitet sind, zeigen häufig Kühe, die auf die Weide ziehen. Im

Alpenland Schweiz weiß man noch, daß früher sogar die Menschen aus dem Tal gelegentlich in die Höhen, in die hölzernen Berghütten der Hirten, zogen, »um wahre Träume zu sehen«: »Diese kommen besonders am frühen Morgen, wenn die ganze Welt noch so friedlich ist und man nichts anderes hört als den beruhigenden Klang der Kuhglocken.«

Selbstverständlich kann es sein, daß, um diese »Wahrheit im Morgenschlaf« anzuregen, die auf ihre Überlieferungen so stolzen Alpenhirten noch einige zusätzliche Mittel kannten. Noch heute weiß man auf alle Fälle, »daß siebenerlei (oder zwölf) Kräuter, unter das Kissen gelegt, glückliche Träume bringen«. In Osteuropa verbrannte man »in der heiligen Ecke«, vor den geweihten Bildern, in Festzeiten etwas Duftkräuter, die einen Schlaf »voll günstigen Verkündungen« sichern sollten. Die orientalischen Kirchen kannten eine Unzahl der entsprechenden hocharomatischen Pflanzenstoffe, die sie möglicherweise aus altjüdischen, ägyptischen, sogar iranisch-indischen Traditionen entnahmen und deren Wirkungen ich teilweise noch im Kreis der Flüchtlinge und der griechisch-russischen Zigeuner beobachten durfte.[4]

Es ist verständlich, daß die Alten nicht nur an die besondere Wirkung der Träume nach Mitternacht, besonders in den Morgenstunden, glaubten, sondern auch jene des neuen Frühlings, also jedes großen Morgens der Welt: »...indem man annahm, daß die Träume im Herbst trügerisch, im Frühjahr am meisten der Erfüllung fähig seien.«[5] Allgemein glaubte man auch in den Alpen, wie es noch die alten Leute in Savoyen, Schweiz, Tirol und Bayern wissen, an die besondere Häufigkeit der »wahren« Träume zu Beginn des neuen Jahres, also während der zwölf heiligen Nächte nach Weihnachten, dann auch in der Nacht auf Ostern und auf den ersten Mai (Walpurgisnacht). Von großer Bedeutung galten dazu die Johannisnacht in der Mitte des Sommers und gelegentlich die Träume in den frühen Morgenstunden von Allerheiligen (1. November).

Dies alles ist ebenfalls kaum ein sinnloser Aberglaube, wie es oberflächliche Schriftsteller während der Aufklärung behaupteten. Wie ein ländlicher Kenner der volkstümlichen Heilkunst der Alpen (aus der Gegend des Thunersees) mündlich feststellte, herrscht an bestimmten Tagen sogar noch heute eine »besondere« Stimmung: Man weiß noch allgemein, wie sie den Vorfahren durch gewaltige Zeitalter heilig waren, und dies steigert die Erwartung, daß in den Nächten »der heiligen Zeiten« den Menschen schöpferische Eingebungen kommen können.

»In seinen tiefen Träumen ist der Mensch Gott nahe, der ihn erschaffen hat«, vernahm ich am Anfang der sechziger Jahre von einer Zigeuner-Wahrsagerin in der Camargue, die ich mit einem Musiker und Kartenleger aus der Schweiz besuchte: »Es gibt also keine schlechten Träume, weil Gott gut ist – das Schlechte stößt uns nur zu, weil wir nicht auf seine Stimme hören wollen. Die üblen Träume, die wir haben, die entmutigen nur den dummen, den ungläubigen, den abergläubischen Menschen. Wenn wir also Träume haben, die Unglück anzukünden scheinen, dürfen wir uns nicht bekümmern lassen, trüb und entmutigt sein, die Hände in den Schoß legen, alles Schlechte erwarten. Sie sollen uns nur unangenehme und verderbliche Möglichkeiten anzeigen, in die wir uns verrennen können, wenn wir im Denken und Handeln weiterhin die Neigung haben, einem eingeschlagenen schlechten Weg zu folgen. Die drohenden Träume sind nicht Ankündungen eines unabwendbaren Übels, wie die Menschen glauben, die jedes Vertrauen auf Gott und ihre Vorfahren verloren haben; es sind Warnungen, die man vielfach leicht abwenden kann, wenn man bereit ist, seine Lage gut und ruhig zu überlegen.«[6]

Die alten Urkunden über die Traumdeutung, die wir aus den großen Kulturen der asiatischen Stämme haben, scheinen ganz verwandte Überzeugungen wiederzugeben. Nach den vedischen Schriften, die in ihrem Kern noch den Glauben der großen Nomadensippen widerspiegeln, die die indischen Kulturen begründeten, finden wir die folgenden Ratschläge gegen die üblen Traumgesichte: Man soll die heiligen Götterbilder verehren und auch den Priestern, den Bewahrern der vedischen Weisheiten (brahmanas), Geschenke darbringen. Man sollte seine Lehrer, also die Kenner oder Meister der überlieferten Weisheiten, besuchen oder die Fürsten anschauen, von denen man offensichtlich überzeugt war, daß von ihnen eine besonders glückbringende Kraft auf ihr ganzes Volk ausging. Auch der Anblick der Tiere, die man für besonders göttlich ansah, also der Stiere, Kühe, Rosse, sollte die üble Stimmung nach einem scheinbar unglückverkündenden Traum zerstören. Unmittelbar nach dem Erwachen sollte man sich erheben und sein Antlitz am Fluß »rein machen«.[8]

Ähnlich sind die Lehren des bedeutenden indischen Traumdeuters Jaggadeva, geschrieben erst im 12. Jahrhundert, also während unseres Mittelalters, die aber auf uralte Quellen zurückgehen sollen: »Wenn man, nachdem man einen schlechten Traum getan hat, wieder einschläft, wird sich der Traum nicht erfüllen.« Auch soll man über seinen Inhalt schweigen, niemand darüber erzählen und ihn für sich behalten. Es werde überhaupt niemand in der Nacht einen Übles ankündenden Traum haben, wenn er vor dem Einschlafen über die großen Götter der indischen Dreieinigkeit, also Vishnu, Shiva und Brahma, nachdenkt (meditiert).

Ebenso glückbringend gilt Jaggadeva und den andern indischen Traumdeutern das Nachsinnen über die Sonne oder über die heiligen Plätze an den Flüssen, besonders jene am Ganges.[9]

Im Wesen übereinstimmend sind die Traumlehren der semitischen Nomaden, die auf Mohammed selbst zurückgeführt werden, von denen aber die Araber überzeugt sind, daß sich hier »die erste der Wissenschaften« vorfindet. Schon die ältesten Stammväter, die sagenhaften Patriarchen und Propheten, hätten sie gekannt und dank ihrer weisen Träume bei all ihren Taten den Willen Gottes (Allahs) begriffen. Mohammed selbst soll seinen Sippengenossen und Gläubigen zu ihrem Heil geraten haben: »Erzähle niemandem einen schlechten Traum: behalte ihn als dein Geheimnis und rufe Gott an. Auf diese Art wird sich das Schlechte auflösen und zuletzt schwinden.«[10]

Als Lehre der »fahrenden Wahrsager« vernahm ich freilich noch um 1946 in Paris, »daß es an sich gar keine schlechten Träume geben kann«: »Ankündigungen, die man als Todesahnungen begreifen kann, können jemand erschrecken, der glaubt, er habe auf dieser Welt noch sehr viel zu tun. Für jemand, der alles erreicht hat und alle Erfahrungen gewann, die er sich nur wünschen durfte, ist der Tod nur eine erfreuliche Ruhezeit, die ihn lockt.« Man erzählte mir im Ton der allergrößten Überzeugung, daß viele Menschen kurz vor ihrem Sterben »den langen Zug ihrer Vorfahren sehen, die sie locken, mit ihnen zu kommen auf die große Wanderschaft«.

Ähnliche Träume scheinen tatsächlich in verschiedenen, in ihren Wurzeln miteinander wesensverwandten Kulturkreisen sehr verbreitet: Im deutschsprachigen Raum findet man bis in die Gegenwart, wie wir schon sahen, die Vorstellung vom »ewigen Heer«, als dessen Leiter der Sturmgott Wotan, Wuott oder Wüeti, »der wilde Jäger«, erscheinen kann. Dies lebte fast bis in die Gegenwart in Redewendungen, deren ursprünglicher Sinn noch lange den alten Leuten verständlich war: »Sterben hieß in Deutschland, ›ins alte Heer gehen‹.«[10] Sogar in dem von uns schon viel benutzten *Langnauer Traumbuch* wird uns versichert, daß von denen, die im Traum mit dem »Wüetis-Heer« zogen, zahlreiche unmittelbar darauf »in das Tod-Bett kommen«.[11]

Auch hier lautet die Lehre der Fahrenden, die ich ebenfalls vernahm, und die man nach ihnen befolgen müsse, »wenn man sich nicht schon bald dem großen Zug nach der Heimat der Vorfahren anschließen wolle«: Man dürfe von der Vorankündigung zu niemand reden, solle zu Gott und seinen Heiligen beten, heilige Orte besuchen oder zumindest an sie denken, durch grüne Landschaften wandern – »in denen alles lebt, wächst und fröhlich ist«. Gleichzeitig solle man gute Vorsätze tun und überlegen, was man noch auf der Erde besser machen muß. Tue man also, dann werde man schon bald Träume haben, die uns zusichern, daß die Kräfte in uns wieder zunehmen und daß uns also noch eine glückliche und gesunde Frist geschenkt ist, »um uns und unsere Angehörigen glücklich zu machen«.

Auch hier scheinen uns die Übereinstimmungen der Lehren der indischen und anderen asiatischen Traumwissenschaften in jeder Beziehung erstaunlich. Selbstverständlich lassen wir hier offen, ob dies auf überall gültigen seelischen Gesetzmäßigkeiten beruht oder auf den Wanderungen von »fahrenden« Stämmen, die ähnliche Vorstellungen überallhin verbreiten.

Die bedeutende neue Traumforscherin Patricia Garfield empfiehlt, wobei sie sich besonders auf die von ihr gesammelte Weisheit des Senoi-Volkes beruft, »daß man sich für ein Thema entscheidet, von dem man träumen möchte, es ganz klar umreißt und sich fest vornimmt, davon zu träumen«. Ein vergessener europäischer Traumforscher, auf den sich die gleiche so anregende Verfasserin stützt, Marquis Hervey de Saint-Denys, stellte schon 1867 fest: »Eine Sache zu denken, heißt, davon zu träumen.«[12]

Dies entspricht ziemlich genau auch dem Wissen in den Überlieferungen unserer Volkskultur. Kirchliche Gelehrte wandten sich, offensichtlich fast das ganze Mittelalter hindurch, wider das anscheinend recht zahlreiche einheimische Hexenvolk, das, »verführt durch Illusionen und Phantasmen« in bestimmten Nächten »mit Diana, der Göttin der Heiden«, zu fliegen glaubte; wie es sogar heißt, über »große Räume der Erde«. Wohlverstanden, »eine zahllose Menge« glaubte an eine solche Möglichkeit, wurde aber deswegen noch nicht blutig verfolgt.[13] Die Kirche mißbilligte verständlicherweise diese Art von Träumen, weil sie ihr bewiesen, daß ein bedeutender Teil des Volkes noch sehr zäh an vorchristlichen Überlieferungen festhielt, sich daran zweifellos auch im Wachen ergötzte und darum den Gestalten ihrer alten Sagen regelmäßig im Traume begegnete.

Das Geheimnis des Flugs im Traum war also, wie sogar noch im grausamen, die besonders perversen Ketzerverfolgungen auslösenden *Hexenhammer* steht, vor allem »in der Phantasie und Vorstellung«.[14] Daß man erst nach und nach annahm, die Flüge würden von den immer mehr zu bösen Wesen abgestempelten und darum verfolgten Hexen und Hexern wirklich gemacht, wird uns aus der gleichen Stelle verständlicher: In ihren Wunderträumen seien die Kenner der alten Kunst überzeugt gewesen, »alles ganz deutlich zu sehen«, was außerhalb von ihnen, an den Orten, an die sie mit Hilfe ihrer vorherigen »Vorstellung« hingehen wollten, stattfand.[14]

Das Mittelalter glaubte eben an die Möglichkeit zur »Telepathie«, zum Hellsehen, zur Gedankenübertragung im Traume, also an Dinge, die, wie wir sahen, schon Sigmund Freud beschäftigten und die nun vor allem die moderne parapsychologische und paraethnologische Forschung immer ernsthafter, sachlicher erwägen muß. Für die abergläubischen Hexenrichter und die von diesen aufgehetzten Pöbelmassen des 15. bis 18. Jahrhunderts war aber das geheimnisvolle »Wissen durch Nachtflüge« ein Beweis für die »Teufelskunst« ihrer Opfer, »körperlich« mit Gedankenschnelle durch die Lüfte zu reisen und so an ganz entfernten Orten ihnen sonst unbekannte Dinge beobachten zu können...

Worum es sich in Wirklichkeit bei der ganzen »Verführung durch Illusionen und Phantasmen« der »Nacht-Fahrer« handelt, von der die Schriftsteller im Mittelalter reden, zeigt uns zum Beispiel noch im 18. Jahrhundert der gelehrte Halle, der auch einiges über die Schlafkräuter der einheimischen Hexen wußte. Auch nach ihm brauchte man in Mitteleuropa für die Traumflüge die entsprechende Vorbereitung, also eine »durch die täglichen (!) Geschichten von den verliebten Sylphen (also von Feen, Luftgeistern! S.G.) überspannte Einbildungskraft«.[15]

Ganz übereinstimmend erzählte uns mündlich in den ausgehenden sechziger Jahren der Orientalist und Dichter Rudolf Gelpke, der die »Wissenschaft aus tausendundeiner Nacht« noch immer in Iran, Afghanistan, sogar im islamischen Westindien lebendig fand. Feenmärchen werden von erfahrenen Frauen am Abend Menschen erzählt, die durch entspannende Massage, beruhigende Lichtquellen, Einwirkungen von Duftölen und Räucherungen usw. in den Zustand körperlich-seelischer Bereitschaft versenkt wurden.[16] Werden nun darauf die Feenromane im Traum lebendig, so soll dies am nächsten Morgen vom Schläfer auch nach dem Erwachen als besonders glückbringend und auch »die Gesundheit und das gute Aussehen mehrend« empfunden werden.

In heiligen altindischen Schriften, die von den Taten göttlicher Helden und Fürsten berichten, die als Ahnen und Vorbilder verehrt werden, heißt es etwa geradezu: »Die Erzählung ist so glückbringend, daß man (wenn man sie hört) sogar zu einem himmlischen Planeten gehen... kann.«[17] Es handelt sich auch hier zumindest teilweise um die gleiche Lehre wie in den Upanishaden, die schon zu

Beginn des 19. Jahrhunderts bekannt wurde und auf die Traumlehren unserer romantischen Wissenschaftler einen gewissen Einfluß gewann: »Ebenso wandelt es (das eigentliche Bewußtsein des Menschen) auch im Traum an entlegenen Orten und zündet den andern Sinnen ein großes Licht an.«[18]

In der modernen Traumliteratur, die vor allem auf verschiedene Richtungen einer zeitgemäßen Psychologie einen solchen Einfluß gewann, finden wir sehr entsprechende Gedankengänge. Von den beglückenden Liebeserlebnissen in Klarträumen, die oft in einer besonders märchenhaften Umgebung stattfinden, versucht man geradezu wissenschaftlich nachzuweisen, daß ihre Bejahung »tatsächlich das kreative Denken auf allen Gebieten unseres Lebens entfalten kann«.[19] Besonders sollen aber gerade die Flugträume, für die man zur Zeit der Hexenverfolgungen während der beginnenden Neuzeit so übel verfolgt werden konnte, nach Patricia Garfield nicht nur dem Schläfer eine gesteigerte Lust bereiten. »Es mag auch sein, wenn wir in unseren Träumen fliegen, daß wir uns im wachen Leben freier fühlen.«[20]

Die Überlieferung unserer alten Traumdeuter und die neue Forschung scheinen übereinzustimmen: »Das gute Gewissen ist das beste Ruhekissen.« Je mehr der Mensch mit sich im reinen ist, um so erfreulicher strömen ihm in der Nacht die Träume zu. In deren Welt erkennt er dann, was seine ureigensten schöpferischen Gedanken sind, die er dann, wieder in seinen Alltag zurückgekehrt, stufenweise verwirklichen kann.

So wird der Besuch in den tiefsten Schichten unserer Seele, »bei den Ahnen«, wie noch immer viele Nomaden glauben, zu einem beglückenden Abenteuer, das uns Mut und Stärke für den nächsten Tag gibt.

Zweiter Teil

Lexikon der Traumsymbole

A

Aal
Der Aal verspricht, wegen seiner Beweglichkeit im → Wasser, den Gesunden eine lustvolle Zeit und den Kranken Gesundung.
→ Fische

Aas
Sieht man im Traum verwesende Tierleichen herumliegen, soll dies auf baldige allgemeine Not hindeuten. (Diese Deutung soll aus mittelalterlichen Zeiten herkommen, als in schweren Hungertagen die Vorfahren sogar versuchten, schon bereits verfaulendes Fleisch irgendwie genießbar zu machen...)

Aasgeier
Sieht sich der Träumer von Aasgeiern umkreist, so weist dies darauf, daß er »eine Schwäche« in seiner Umgebung hat. Es ist dies sehr häufig der nutzlose oder gar schädliche Umgang mit »Verfaultem«, mit unfruchtbaren Gedankengängen, oder mit verderbten, unschöpferischen Menschen.
→ Vogel

Abendröte

Die Abendröte bedeutet einen ruhigen Abend. Der Träumer, der sie sieht, wird eine Nachricht, einen Zuspruch erhalten, die ihn mitten in seinen Sorgen entscheidend beruhigen.

→ Morgenröte

→ Sonne

Abgrund

Der Sturz in einen Abgrund bedeutet Schmähungen und schändliche Verdächtigungen. Kommt man aber ohne Schaden unten auf dem Boden an, dann wird man geschickt seine Ehre wiederherstellen können.

Steht man am Rande des Abgrunds, dann muß man in den nächsten Tagen sehr aufmerksam sein. Man hat noch die Möglichkeit, drohenden Schwierigkeiten mit Menschen ausweichen zu können.

→ Weg

Acker

Einen Acker sehen bedeutet, daß eine mühsame Arbeit bevorsteht. Ist der Acker voll Unkraut, dann wird diese Arbeit nicht die gewünschten Früchte bringen. Ist der Acker mit vielen → Steinen bedeckt, dann muß man bei seinem Werk vielerlei Hindernisse von seiten der Mitmenschen erwarten. Sieht man auf dem Acker überall das Gewächs, für den er bestimmt ist, hervorkommen, so ist der entscheidende Teil der eigenen Arbeit bereits getan.

→ Bauer

Adler
Ein Adler hoch am Himmel bedeutet Erfolg, »von dem man weit herum im ganzen Land reden wird«. Besonders günstig soll es sein, wenn man sich selbst auf einem Adler reiten sieht »und dabei keine Furcht empfindet«.
Sieht man einen toten Adler, dann deutet dies auf das Ende einer gehegten Hoffnung. Adlergeschrei kann sogar Krieg oder Umstürze bedeuten.
→ Fliegen
→ Flügel
→ Luftschiff
→ Vogel

Ährensammeln
Sammelt man Ähren, die auf dem Felde herumliegen, so wird man möglicherweise einen Gewinn machen, zu dessen Gelingen man nicht viel arbeiten mußte.
→ Acker
→ Bauer

Äpfel
Sind die Äpfel, besonders wenn sie im Traum von einem → Baum geholt werden, süß, dann bedeutet dies Glück, vor allem in der Liebe. Saure Äpfel weisen auf Enttäuschungen.
→ Obst

Alter Mann
Ein alter Mann, dem man begegnet, bedeutet nach den meist übereinstimmenden Ansichten der Traumdeuter sehr guten Rat, den man schon bald zu hören bekommt und den man auch befolgen soll. »Tut man dies, so wird dieser weise Rat in jeder Beziehung Glück und Erfolg bringen.«
(Es ist einleuchtend, daß diese Traumregel aus Kulturen stammt, die die bejahrten Menschen, als Träger vieler Lebenserfahrungen und damit als Vermittler von guten Ratschlägen, besonders hoch schätzten!)
Sieht man sich selbst im Traum viel älter, als man in Wirklich-

keit ist, dann soll dies eine glückliche Vorbedeutung sein — dem Träumer ist mit höchster Wahrscheinlichkeit eine lange Lebensspanne beschieden. Wenn sich ein Schwerkranker als → Greis erblickt, dann betrachtete man dies früher als ein für ihn sehr beruhigendes Zeichen; »der Träumer wird schon bald gesund und noch sehr alt werden«.
→ Hexe
(Alte Frau).

Ameisen
Sieht man Ameisen, so ist das ein Hinweis, daß man sich mehr mit den Dingen der Erde und des Bodens »unter den eigenen Füßen« beschäftigen sollte. Mit andern Worten: Man ist daran, Träumen nachzujagen und die eigenen lebenswichtigen Angelegenheiten sträflich zu vernachlässigen. Dies sollte man möglichst gründlich ändern.
→ Ungeziefer

Amme
Sieht man eine Amme, bedeutet dies die Zunahme des Wohlstands. Nährt sie gerade ein Kind, so weist dies auf Familienzuwachs.
→ Hebamme

Anker
Man erhält in einem → Meer der Unruhe und Unsicherheit eine zuverlässige und dauerhafte Unterstützung.

Apotheke
Man muß mehr auf Speise und Trank achten, sonst könnte man

in eine Lage kommen, in der man immer mehr Geld für Medikamente ausgeben muß.
→ Arzt
→ Kräuter
→ Spital

Arbeit
Tut man im Traum seine gewohnte Arbeit, so hat dies eine glückliche Vorbedeutung. Fällt sie im Traum leichter als im Wachen, verrichtet man sie geradezu spielend, dann wird man auf seinem Gebiet bald einen bedeutenden Gewinn oder einen allgemein anerkannten Erfolg erreichen. Fällt sie einem aber schwer und ist lästig, so betrachtete man dies früher als einen Hinweis auf die Abnahme der Kräfte. Will man dann nicht schon bald erkranken, sollte man sich also bei seiner gewohnten Beschäftigung etwas mehr Ruhe oder sogar eine Erholungszeit gönnen.
Auf Erkrankung deutete man, wenn man im Traum eine Arbeit tut, für die man sich nicht geeignet hält, also zum Beispiel auf ungeschickte Art die Tätigkeit des andern Geschlechts versehen muß.

Arm
Der Arm bedeutet in der Regel einen Vertreter der Familie. Bricht man sich einen oder gar beide, dann verliert man die Unterstützung eines Angehörigen.
→ Hand

Armring
Trägt man Armschmuck aus Edelmetallen, so weist dies auf eine Lebensstellung, die es ermöglicht, seine Tage in wachsendem Überfluß zu verbringen.
→ Fußschmuck
→ Gold
→ Halskette
→ Kupfer
→ Silber

Arzt
Man soll, wenn man einen Arzt im Traum sieht, alle seine Lebensgewohnheiten überprüfen, namentlich auf genug Schlaf und gute Nahrung achten. »Beachtet man diese Warnung

nicht, so muß man sicher schon bald einen ›leibhaftigen‹ Arzt aufsuchen.«
→ Apotheke
→ Krankheit
→ Spital

Asche
Man soll dem entgangenen Gewinn in der Vergangenheit endlich nicht mehr nachtrauern.
→ Friedhof

Augen
Sieht man im Traum einen Menschen, vor allem ein Mädchen oder eine Frau mit großen leuchtenden Augen, dann bedeutet dies einen erfreulichen Anblick, »der unmittelbar bevorsteht«. Gelegentlich erlebt man auch eine glückliche Überraschung. Sind die Augen eines Mitmenschen, den man sieht, auffallend klein oder geschlossen, so wird man unangenehme Dinge zu sehen bekommen, »die dem Träumer den Anblick der Welt leid werden lassen«. Glaubt man sich selbst blind, dann soll dies eine unangenehme Tatsache bedeuten, die man mit allen Mitteln zu verdrängen (also »nicht zu sehen«) versucht.

Augenbrauen
Hat man im Traum dichte Augenbrauen, sollen sie künftig gute Gelegenheit zu Lustbarkeiten versprechen. Hat man aber nur ganz schwache (oder keine) Augenbrauen, kann dies auf eine Zeit des Mangels auf dem Gebiet der Lebensfreude hinweisen.

Auskleiden
Kleidet man sich selbst aus und hat das unangenehme Gefühl, beobachtet zu werden, dann hat der Träumer Angst, daß Menschen, die für ihn wichtig sind, über ihn unangenehme Tatsachen vernehmen. Sieht man aber Mitmenschen, die ihre

Gewänder ausziehen, dann soll dies eine Warnung vor unangenehmen Vorfällen sein, »in die man von der eigenen Lüsternheit hineingezogen werden kann«.
→ Nacktheit

Austern
Die Austern galten als genußvolles und teures Nahrungsmittel, das sich nur die Reichen leisten konnten. Ißt man im Traum Austern, so soll dies in jedem Fall einen → Geldgewinn bedeuten.

B

Bach
Ein Bach, der durch eine grüne Landschaft fließt, verspricht fast immer Vorwärtskommen. Sind viele → Fische darin, so deutet man dies auf leichten Gewinn. Ist das Wasser schmutzig, kann es Entbehrungen vorhersagen. Ist gar → Blut im Wasser, so sieht man in diesem Zeichen einen Hinweis auf gefährliche Streitigkeiten.
→ Baden
→ Brunnen
→ See
→ Waschen
→ Wasser

Baden
Badet man in einem sauberen Wasser, vor allem in einem → Bach, dann ist die Zeit seelischer Schwäche oder einer Krankheit zu Ende. Badet man in einem engen Raum in einer Wanne, vor allem, wenn er unsauber ist, kann man sich leicht mit Krankheitskeimen anstecken. Reist man zu einem Heilbad, namentlich durch eine blühende Landschaft, weist dies auf eine Hochzeit oder auf Kindersegen.
→ Schaum
→ Schwimmen
→ Waschen

Bär
Der Bär gilt in den Märchen der Fahrenden noch immer als das stärkste Tier unserer Wälder, aber eben gleichzeitig als verhältnismäßig ungeschickt. Einen Bären sehen, bedeutet darum die Warnung, mit übertriebenen Kraftanstrengungen und Bemühungen sich in eine mißliche Lage hineinzubringen: »Man darf nicht plump und schwerfällig sein, wenn man vorwärtskommen will.«
→ Raubtiere

Bahnhof
Einige Traumdeuter versichern, daß der Anblick eines Bahnhofs immer eine Reise oder sogar berufliche Ortsveränderung bedeutet. Andere sind der Ansicht, daß er ein Verlassen erstarrter Gewohnheiten bedeuten kann.
→ Eisenbahn
→ Wagen

Balken
Die Balken, namentlich wenn man sie im → Walde findet, weisen auf bedeutende Möglichkeiten, die man nun hat: »Aber genau wie der einzelne Mensch zu schwach ist, um Balken mitzunehmen und mit ihnen ein Haus oder eine Brücke zu bauen, muß auch derjenige, der große Möglichkeiten hat, weise sein. Er muß sich überlegen, wo er Gefährten finden kann, die ihm helfen können. Hat er diese und sind sie wirklich zuverlässig, kann er sich einen dauerhaften Erfolg zimmern.«
→ Baum

Ballett
Als einen hohen Genuß betrachtete man es im Morgenland, wenn man sich beim Anblick von begabten Spielleuten entspannen konnte. Davon blieb in Europa lange die Vorstellung, daß vor allem die Kaiser, Zaren

und Könige festliche → Tanzanlässe, bei denen ihnen Fachkünstler ihre Fähigkeiten zeigten, pflegten. Sieht man im Traum eine Ballett-Vorführung, so bedeutet dies, daß man in der Zukunft viel Gelegenheit zu lustvollem Zeitvertreib bekommen wird: »Man wird leben wie ein stolzer Fürst im Frieden.«

Ballspielen
Die Beteiligung an einem Ballspiel zu zweit oder mit mehr Teilnehmern, also auch beim Tennisspiel, Fußball usw., bedeutet, daß man leicht in eine Auseinandersetzung kommen kann.
→ Spielzeug

Bank
(Geldinstitut) Betritt man im Traum eine Bank, so bedeutet dies häufig die Warnung vor Geschäften, über die man nicht genügend Überblick hat. Dies gilt besonders, wenn der Fußboden in der Bank blendend glänzend und glatt ist, »so daß man achthaben muß, daß man nicht ausrutscht und hinfällt«.

Bank
(Sitzgelegenheit) Sieht man eine lange Holzbank, wie wir sie heute noch in den Bauernhäusern und Hirtenhütten finden, so bedeutet dies ein Bedürfnis nach Ruhe im Kreise seiner Familie.
→ Stuhl
→ Thron

Bart
Hat der Mann im Traum einen starken Bart, wird er sich in wichtigen Angelegenheiten durchsetzen können. Sieht sich eine Frau bärtig, wird sie bald eine für sie entscheidende Bekanntschaft mit einem Mann machen.

Bauch
Hat man im Traum einen starken Bauch, dann sollte man sich

hüten, auf den Lorbeeren auszuruhen – die Zukunft kann eine Notlage bringen.
Sieht man sich im Traume etwas beleibter, als man sonst ist, bedeutet dies einen Gewinn, den

zu erreichen man weder viel denken noch hart arbeiten muß. Es ist dies gleichsam eine Warnung, nicht etwa durch materielles Glück geistig träge zu werden.
Sieht man sich von dicken Menschen umgeben, so wird erklärt, daß man unglücklich sei, mit in jeder Beziehung schwerfälligen Menschen zu verkehren – man sehnt sich aus diesem Grunde nach etwas Unruhe und Abenteuern.

Bauer
Einige Sorgen um den eigentlichen Lebensunterhalt werden abgenommen – zumindest, wenn man seine gewohnten Beschäftigungen zuverlässig ausführt.
→ Acker
→ Ernte
→ Pflug

Baum
Siehst du einen Baum mit mächtigen Ästen, grün und blühend, am besten oben auf einem → Berg, so deutet dies auf zunehmendes Glück in deiner Nachkommenschaft oder in der ganzen Familie. Ist der Baum → dürr, die Blätter welk, so kann das leicht das Gegenteil bedeuten. Selbstverständlich auch, wenn der Baum gefällt wird.
Klettert man auf einen Baum, so bedeutet dies die Möglichkeit, seine Stellung in der Welt zu verbessern. Freilich ist es dazu nötig, seine künftigen Unternehmungen gut mit seinen Sippenangehörigen zu besprechen und ihre bisherigen Erfahrungen einzusammeln.
→ Birke
→ Eiche

→ Mistel
→ Tanne
→ Zypresse

Beerdigung
Nimmt man an der Beerdigung eines Verwandten oder Freundes teil, so verkündet dies nicht etwa seinen baldigen Tod. Man hat einfach das innere Bedürfnis, diesen Menschen möglichst bald

wiederzusehen. »Diese Begegnung ist von großer Wichtigkeit und glückverheißend und sollte in keinem Fall hinausgezögert werden.«
Sieht man die eigene Beerdigung, so liegt diese in Wirklichkeit noch in sehr weiter Ferne. Es ist dem Träumer noch ein sehr langes Leben beschieden. Das gleiche gilt freilich auch, wenn man vom Begräbnis eines Feindes träumt. »Dieser wird noch sehr zäh sein und lange leben; es wäre darum in jeder Beziehung nützlicher, sich mit ihm irgendwie auszusöhnen.«
→ Friedhof
→ Grab
→ Sarg
→ Tod

Beeren
Sucht man Beeren, vor allem im → Wald, und hat dabei Erfolg, dann bedeutet dies für die nahe Zukunft einen bescheidenen, aber sicheren Lebensunterhalt.
→ Erdbeeren
→ Tollkirschen

Beerensammler
Die Begegnung mit solchen Menschen ist die Mahnung, sich bei seiner Arbeit vermehrt fleißige und erfahrene Menschen zum Vorbild zu nehmen.

Beine
Sieht man im Traum schöne, starke Beine, so deutet man dies

auf ein gutes und rasches Vorwärtskommen. Sind die Beine kurz oder krumm, dann fühlt man sich geistig unbeweglich und damit bedroht.
→ Bauch
→ Weg

Berg
Wenn man zu Füßen eines Bergs oder Gebirges steht, bedeutet dies: Schwierigkeiten bei einem Unternehmen, das man sich gerade vorgenommen hat.
Steht auf diesem Berg eine Burg oder ein Palast (→ Schloß) und führt zu diesem ein einigermaßen begehbarer → Weg, dann wird man bei seinem Unternehmen von Menschen aus einer hochstehenden und einflußreichen Familie Rat und Hilfe erhalten. Es ist dies ein Hinweis, daß man sich überlegen soll, was man eigentlich für gute Beziehungen hat.
Steht man zuoberst auf einem Berg und hat eine weite und schöne Aussicht, dann ist man bereits daran, die entscheidenden Widerstände gegen seine Pläne zu überwinden und einen neuen Lebensabschnitt zu beginnen.
→ Baum
→ Hang

Bergwerk
Ein plötzlicher Gewinn (unerwartete Erbschaft, Lotterie, Geschenk, plötzliche Lohnerhöhung usw.)
→ Schatz

Besen
Mahnung, seinen Haushalt in Ordnung zu bringen. Sieht man in einem → Haus oder → Schloß Frauen fleißig mit dem Besen arbeiten, dann wird man zu einem Fest eingeladen, bei dem man erfreuliche Bekanntschaften schließen kann.
→ Ruß
→ Schornsteinfeger
→ Staub

Besuch
Will man jemanden besuchen und hat es besonders schwer, ihn zu finden, dann fühlt man sich nicht ausgefüllt; das augenblickliche Leben ist ohne Inhalt und Ziel. Erhält man selbst Gäste, so deutet man dies auf die Vermehrung des Einflusses, den der Träumer auf seine Mitmenschen ausübt.

Beten
Sieht man sich beten, besonders auf der → Erde knieend, wird ein lange gehegter geheimer Wunsch erfüllt.
→ Heilige
→ Kirche
→ Pilgerfahrt

Bett
Ist das Bett schön eingerichtet, dann bedeutet dies Glück und Beständigkeit in der → Liebesverbindung. Ist es aber zerwühlt und beschmutzt, kann man in seiner Familie hintergangen werden.

Bettler
Ist man im Traum selbst ein Bettler, dem die Leute Geld geben müssen, muß man sich vor einem Unglück hüten. Hat man Besuch von Bettlern, wird man Unerwartetes erleben. Beschenkt man selbst Bettler, wird man eine Geldsendung erhalten, an deren Möglichkeit man gar nicht gedacht hat.

Betrunkenheit
Sieht man Betrunkene, so bedeutet dies in der Regel einen

kleinen überraschenden Gewinn: »Man wird Gelegenheit zu einer kleinen Feier haben.«
Obwohl Wein-Trinken in der Regel für die Traumdeuter eine glückliche Bedeutung besitzt, handelt es sich nicht gleichermaßen um den Zustand der Trunkenheit. Die Deuter, mit

denen ich darüber reden durfte, kannten meistens als Flüchtlinge die »schlimmen« Stadtteile aus eigenem Augenschein; sie wußten darum am besten, in was für Unannehmlichkeiten ein Mensch hineinkommt, der in ihnen in unvernünftigem Seelenzustand allerlei betrügerischem Gesindel begegnet...
Eigene Trunkenheit bedeutet also eine Verwicklung in peinliche Angelegenheiten, was sehr unangenehme Folgen haben kann.
→ Rebe
→ Wein

Biene
Schwebt eine Biene über offenen Blüten → Blume, so bedeutet dies »süßen« Gewinn (Glück) in Liebesdingen.
Wird man von einer Biene gestochen, so erweisen sich Hoffnungen, die man gerade hegt, als teilweise trügerisch und können leicht zu einer Enttäuschung führen.
Sieht man im Traum einen Bienenschwarm heranfliegen, hängt er an einem → Baum, oder geradezu am eigenen → Haus, so wird man bedeutende gesellschaftliche Anerkennung erhalten. (Der Zigeuner, der mir diese Vorstellung erzählte,

wußte als gutes Beispiel dazu das Märchen von einem Prinzen aus einem »Reich fern im Morgenland«, der sein Reich verloren hatte. Als er aber träumte, er werde von einem großen Bienenschwarm verfolgt, erlebte er schon bald eine günstige Wendung seines schweren Schicksals. In seiner Heimat geschah eine unerwartete Umwälzung; unmittelbar darauf konnte er, durch eine glückliche Verkettung von Zufällen, den Thron seiner Väter einnehmen.)
→ Honig
→ Wespe

Bier
Biertrinken im Traum bedeutet das Erhalten einer Nachricht – möglicherweise, weil früher die »Bier-Pinten« als Umschlagplätze von Gerüchten jeder Art galten. Ist das Bier hell, ist die Mitteilung von eher geringer Bedeutung und muß nicht ernst genommen werden. Handelt es sich um dunkles Bier, dann ist die Botschaft schwerwiegend.
→ Betrunkenheit
→ Champagner
→ Wein
→ Wirtshaus

Bild
Stellt man (wie ein Bildhauer oder Kunstmaler) Bilder her, soll dies ankünden, daß man demnächst sein Dasein ein wenig besser nach seinen innersten Wünschen gestalten kann. Einige sagen, daß die Herstellung oder der Besitz von Bildern, namentlich wenn darauf Menschen dargestellt sind, dem Träumer den baldigen Besitz von Kindern verspricht.

Birke
Freundschaft mit einem jungen Mädchen.

Birne
Eine reiche Birnenernte bedeutet wachsendes Glück im Haushalt. Sind diese Früchte aber schlecht im Geschmack oder, was ihr Aussehen angeht, unansehnlich, dann stehen Mühen mit Verwandten bevor.
→ Apfel
→ Obst

Blau
Blau ist die → Farbe des Himmels und dessen ewiger Ordnung, dazu verständlicherweise

auch der menschlichen Treue. Spielt im Traum diese Farbe eine wichtige Rolle, dann deutete man ihn als Mahnung, daß in den kommenden Tagen die Zuverlässigkeit sehr nützlich werden könnte.

Blei
Sieht man das dunkle Metall Blei, dann wird man die dunklen Seiten des Daseins kennenlernen müssen, woraus, wenn man alle Prüfungen durchhält wichtige Erfahrungen für die Zukunft gewonnen werden können.
→ Eisen
→ Gold
→ Kupfer
→ Silber
→ Zinn

Bleigießen
Übt man sich im Traum im Bleigießen, wie man es heute noch in der Neuhjahrsnacht zum → Wahrsagen tut, dann langweilt man sich und sehnt sich nach einer Veränderung seiner Lage.

Blind
Sieht man im Traum Blinde, so ist es die Warnung vor der eigenen Unaufmerksamkeit: Man sieht Dinge nicht, die für die eigene Zukunft in gewisser Weise wichtig sein könnten.
→ Augen

Blindschleiche
Die harmlose, häufig mit der → Schlange verwechselte Blindschleiche warnt vor dem Gefühl einer allgemeinen Unsicherheit. »So wie nur ein unerfahrener Narr dieses Tier mit einem giftigen Reptil verwechselt, so darf man sich auch vor leerem Geschwätz nie ängstigen lassen.«
→ Eidechse
→ Wurm

Blitz

Das Aufleuchten eines Blitzes bedeutet: Eine Nachricht aus einer andern Gegend kann die Lage der Dinge, in der sich der Träumer befindet, fast in einem Augenblick verändern.

Das Einschlagen eines starken

Blitzes kann bedeuten, daß man demnächst zu einem Wohnungs- oder sogar Ortswechsel gezwungen werden kann.

Ein → Baum, besonders eine → Eiche, bedeutet die gute Entfaltung einer Familie, unabhängig davon, ob es um deren zahlenmäßige Zunahme oder die Zunahme von deren Einfluß, Macht und Reichtum geht. Wird aber die Eiche gestürzt, zum Beispiel gerade von einem Blitz getroffen, so kann der Traum leicht das Gegenteil der vorherigen Bedeutung besitzen.

→ Donner
→ Himmels-Feuer
→ Meteor
→ Wolken

Blume

Die Blumen sollen sehr wichtige Traum-Sinnbilder sein, die man aber nicht losgelöst von andern Bildern betrachten darf, die man sonst erblickt. Sie sollen aber die wunderbare Eigenschaft haben, daß sie dem ganzen übrigen Traum, in dem sie erscheinen, eine günstige Bedeutung geben. Sieht man zum Beispiel eine Blumenwiese (am besten gelten → Wiesen, die sich deutlich auf einem → Berg befinden) nach Bildern, die sonst ungünstige Bedeutung enthalten sollen, so zeigt dies an, daß man, allen Schwierigkeiten zum Trotz, seine Angelegenheiten doch zu einem guten Ende führen wird. Sieht man freilich welke oder roh zertretene Blumen, dann heißt dies, daß man ein schlechtes Gewissen hat, obwohl man es sich am Tag gar nicht eingestehen will. Man hatte kürzlich eine glückliche Gelegenheit, die

man aber, aus Unsicherheit oder Faulheit, nicht richtig benutzte. Bekommt man aber einen ganzen Blumenstrauß geschenkt, so kann man schon bald von einer Seite, von der man es eigentlich gar nicht vermutet, eine großzügige Freundestat erwarten.
→ Biene
→ Honig

Blut
Sieht man Menschenblut, so ist dies ein Gewinn wegen günstiger Familienbeziehungen. Ist es Tierblut, so geht es um die Zunahme der eigenen Lebenskraft. Verliert man selbst Blut, dann weist dies auf eine Abnahme der Selbstsicherheit und der Freude an Unternehmungen. Spuckt man Blut, soll es schlechte Beziehungen oder Streit mit Verwandten bedeuten.

Blutverlust
Sieht man einen eigenen Blutverlust, kann man in der kommenden Zeit bedeutende Schwächung an Lebensfreude oder Besitz erleiden. Sieht man an einem Verwandten (oder Freund) eine gefährliche Wunde, dann ist dieser in einem Notzustand; wir sollten ihm helfen.
→ Wunde

Bock
Sieht man einen → Ziegenbock, so bedeutet dies, daß man in eine Lage kommt, aus der man sich nur durch Mut und rasche Entschlußkraft befreien kann.

Bogen
Hat man mit einem Pfeilbogen zu tun, so bedeutet dies ein schweres Werk, das man aber mit Fleiß und Übung günstig vollenden kann.
→ Gewehr
→ Krieg

Bohnen
Das Essen von Bohnen gilt meistens als nicht glückbringend: »Übertreibt man mit dieser Speise, dann gibt es Ärger im Bauch. Als Sinnbild kann sie darum, wenn man ihr im Traum begegnet, viel lästigen Lärm um nichts ankündigen.«

Brandwunde
Erleidet man im Traum Verbrennungen, weist dies auf einen qualvollen Zustand, in den man durch Ungeschick geraten kann.
→ Wunde

Braun
Spielt in einem Traum die braune → Farbe eine bedeutende Rolle, dann soll man, um seine seelische und körperliche Leistungsfähigkeit voll zu erhalten, vermehrt Ausgeglichenheit und Ruhe suchen.

Brief
Eine Nachricht, die Unruhe bereitet. Bringt den Brief eine → Taube, dann kann diese Unruhe erfreulich sein – eine Liebschaft kann sich ankünden.

Briefkasten
Sieht man im Traum deutlich einen Briefkasten (ähnlich etwa einem Postwagen der → Eisenbahn), so bedeutet dies, daß man endlich eine alte Schreibpflicht erledigen sollte. Oder: Jemand wartet sehnsuchtsvoll auf deine Botschaft.

Brille
Man soll seine unmittelbare Umwelt genauer (kritischer) anschauen: »Vor der eigenen Nase finden Dinge statt, die man nicht merken will – man muß besser beobachten lernen, sonst macht man sich lächerlich.«

Brot
Wenn man sich mit Brot stärkt oder solches bekommt, auch wenn man es → Bettlern gibt, bedeutet dies ein unverhofftes Geschenk.
→ Zwieback

Bruder
Wie wir in diesem Buch mehrfach betonen, muß die Traumdeutung einer Kultur entstammen, in der die Familienbeziehungen mehrheitlich fest und gut waren: So bedeutet der Anblick eines Bruders oder → Vetters immer die gute Hilfe, die man von einer männlichen Person bekommt.
→ Schwester

Brücke
Geht oder steht man auf einer Brücke, dann weist dies auf gute Begegnungen oder den Ausbau nützlicher und erfreulicher Beziehungen.
Stürzt der Träumer von einer Brücke in die Tiefe, dann kann ihm sein Versuch, zur Zusammenarbeit mit Mitmenschen zu kommen, mißlingen. Ein gutes Zeichen ist es dagegen, wenn ein solcher Fall sanft, fast wie ein → Flug stattfindet: Dann wird ein ihm zuerst zustoßendes, scheinbares Mißlingen der innersten Pläne zu einem unerwarteten Erfolg auf einem andern Gebiet führen.
→ Bach
→ Flut
→ Wasserfall

Brüten
Sieht man Federvieh (→ Gans, → Huhn) oder auch wilde → Vögel beim Brüten, dann bedeutet dies vor allem Kindersegen; auf jeden Fall Zuwachs in der engeren Familie.

Brunnen
Ein Brunnen, besonders, wenn er auf eigenem Grund und Boden steht, ist ein Hinweis auf eine baldige erfreuliche Entdekkung. Es wird sich erweisen, daß ein Besitz, den man bisher gar nicht besonders beachtete, einen viel höheren Wert hat, als man ihm bisher zutraute.
Sieht man einen Brunnen, namentlich wenn sich in ihm fri-

sches Wasser befindet, dann steht man vor einem entscheidenden Ereignis seines Lebens. Für einen Kranken bedeutet dieser Traum baldige Erholung.

Buch

Die Bücher sind eine Anhäufung des Wissens, wie es in der Vergangenheit gesammelt wurde. Bücher im Traum sollen uns darauf hinweisen, daß wir uns auf alte und gleichzeitig bewährte Erfahrungen zurückbesinnen sollten; dies wäre für den, der sie im Traum schaut, von allergrößtem Nutzen.
Besonders das Aufschlagen eines Buches, namentlich wenn es einen teuren Einband hat und die Seiten alt (vergilbt) aussehen, bedeutet das Auffinden einer Weisheit, die weiterhelfen kann.
→ Traumbuch

Buckel

Sieht der Träumer sich (oder nahe Angehörige) mit einem Buckel, wird ihm bald eine lästige Bürde abgenommen.

Burg

Sieht man im Traum eine Burg, so soll dies bedeuten, daß man für eine unruhige und harte Zeit einige Vorräte anlegen sollte.
→ Schloß

C

Champagnertrinken
Sieht man im Traum ein Champagnerfest, so sind anscheinend gerade hier die einzelnen Begleitumstände wichtig. Ist man selbst der Trinker, der bei dieser Gelegenheit das Gefühl von Lust und Freude empfindet, so soll einem in unmittelbarer Zukunft ein wirtschaftlicher Gewinn bevorstehen, »so daß man die glückliche Gelegenheit bekommt, sehr großzügig zu leben.« Hat man beim Champagnertrinken die Furcht, »daß man das Fest gar nicht bezahlen kann«, dann soll ein solcher Traum eine Warnung sein: Man ist versucht, mehr auszugeben, als man es sich leisten kann, also Schulden zu machen, die sich in unmittelbarer Zukunft sehr verderblich auswirken können.
Sieht der Träumer einen Bekannten Champagner trinken, ohne daß er selbst davon abbekommt, dann warnen einige Traumdeuter vor diesem Menschen – zumindest davor, mit ihm in Gelddingen in geschäftliche Verbindung zu treten. Der Traum sei der Ausdruck des unterbewußten Gefühls des Träumers, daß der Trinker hochstapelt, also eigentlich über seine Verhältnisse lebt.
→ Wein

Chinese
Sieht man einen → gelben Mann, wird man in der Fremde (oder durch einen Ausländer) eine Erfahrung machen, die helfen kann. den Wohlstand zu vermehren.

D

Dach
Sieht man sich auf dem Dach, wird man bedeutende Würden erreichen und allgemein geehrt sein. Schwierigkeiten mit dem Beruf können eintreten, wenn man vom Dach steigt oder gar herabstürzt.

Dachdecken
Sieht man sein Dach beschädigt und muß es decken, dann muß man rechtzeitig etwas für das Auskommen seiner Familie tun, sonst kommt sie in bittere Not.

Dampf
Die kommende Zeit kann durch allgemeine Schwierigkeiten, für die man keine Schuld trägt (zum Beispiel Mißernten im Land), sehr trübe werden.
→ Nebel

Diamant

Sieht man einen klaren Diamant (→ Edelstein, → Farben), soll sich der ganze übrige Traum besonders erfreulich erfüllen.

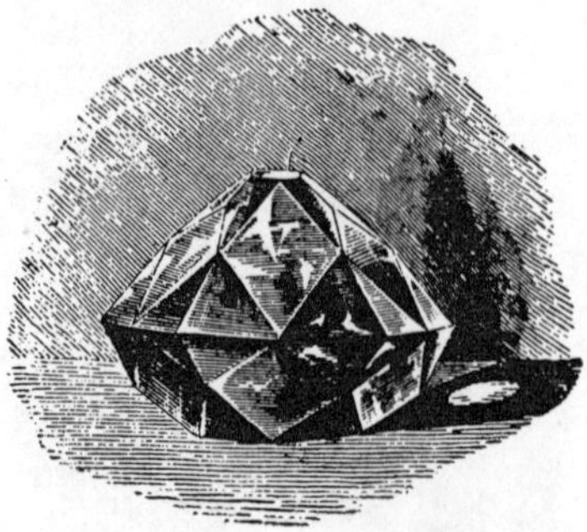

Dichten

Sieht man sich im Traum als Dichter, so sehnt man sich danach, sein Leben schöner zu gestalten. Liest man jemandem Gedichte vor, so ist dies eine Mahnung, sich im Umgang mit andern Menschen gewählter und gebildeter auszudrücken.

→ Buch

→ Schreiber

Diebstahl

Ist man im Traum in einen Diebstahl verwickelt, dann ist es eine Warnung vor dem Neid gegenüber dem Gut anderer Menschen. Es ist auch ein Hinweis, daß man gerade daran ist, während man unvorsichtig nach Gewinn jagt, etwas zu verlieren, das einem schon lange gehört, und das man darum zu wenig schätzt und sogar vernachlässigt.

→ Gefängnis

→ Hinrichtung

→ Strafe

Dietrich

Versucht man mit einem Dietrich gewaltsam bei einer verschlossenen → Tür Einlaß zu bekommen, dann muß man sich gut überlegen, warum man von einer Gesellschaft (die man an sich schätzt) ausgeschlossen ist.

→ Schlüssel

Dirne
Sieht man im Traum eine Dirne, so mag dies eine Warnung davor sein, demnächst mit seinem materiellen Besitz nicht sparsam umzugehen.
→ Frau
→ Jungfrau

Dolch
Trägt man einen Dolch an seinem Gurt, bedeutet dies eine Mahnung zu erhöhter Vorsicht. Hat man den Dolch sogar in der Hand, kann eine Gefährdung durch Gegner unmittelbar bevorstehen.
→ Messer
→ Schwert

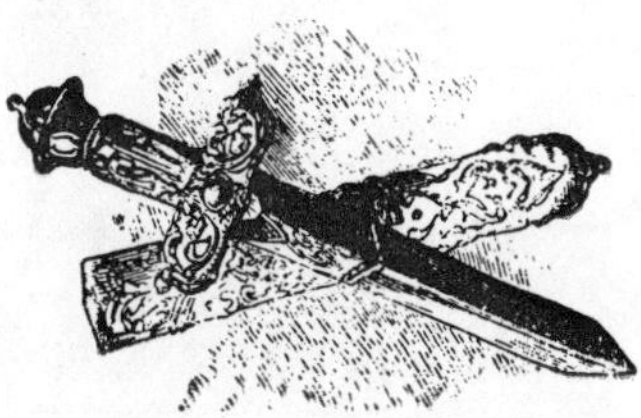

Dornen
Eine baldige Angelegenheit, die den Träumer teuer zu stehen kommt! Verbirgt aber eine Dornenhecke einen → Garten, zum Beispiel mit einem → Brunnen, dann soll man vor seinem Unternehmen, sogar wenn es offensichtlich teuer werden kann, nicht zurückschrecken: »Das Ziel ist es wert, auch wenn man auf dem Weg, es zu erreichen, einige Kratzer abkriegt.«

Donner
Vernimmt man fernen Donner, so werden Ereignisse in einem fernen Land bedeutenden Einfluß auf die unmittelbaren Verhältnisse des Träumers ausüben.
→ Blitz

Drachen
Großer Erfolg durch die Gunst von mächtigen Zeitgenossen: Speit der Drache → Feuer, so kann dieses Ereignis großes Aufsehen erregen.
→ Schlange

Dreck
Die Traumdeuter scheinen mehr oder weniger darin übereinzustimmen, daß jeder an sich ekelhafte Anblick von Dreck – auf Geldgewinn hindeutet.
→ Geld
→ Kot
→ Misthaufen

Dürre
Sehnsucht nach lebendiger, anregender Gesellschaft. Eines der günstigsten Sinnbilder ist es, wenn sich eine trockene Landschaft auf einmal in eine grüne
→ Wiese verwandelt.
→ Durst
→ Wüste

Durst
Der Träumer will mehr vom Leben haben. Er muß sich aber dabei hüten, seine Kräfte nicht zu mißbrauchen, sie in zu hohem Maße zu verschwenden. Jede neue Anstrengung muß irgendwie ausgeglichen werden, sonst droht Erkrankung.
→ Betrunkenheit
→ Bier
→ Dürre
→ Hunger
→ Wasser
→ Wein

E

Ebbe

Sieht der Träumer das → Meer im Zustand der Ebbe, also des Zurückströmens der Wasser, so deutet dies auf eine allgemeine Veränderung in seinen Lebensumständen.

→ Flut

→ Mond

Eber

Ein Traumdeuter, anscheinend aus Rumänien stammend, soll erklärt haben: »Als unsere Länder noch zum großen Teil von wilden Wäldern bedeckt waren, gehörten die Schweine darin zu einer gefährlichen, aber besonders gesuchten Beute. Ein Fest ohne deren Fleisch war geradezu undenkbar, unabhängig davon, ob es bei mächtigen Edelleuten oder bei armen Fahrenden stattfand. Darum sagte man noch lange, obwohl das Tier heute in den meisten Gegenden ausgerottet ist: Das Wildschwein bedeutet großes Glück, um das man aber mutig kämpfen muß.«

→ Meerschweinchen

→ Schwein

Echo
Eine Handlung, die man getan hat, wird demnächst ihre Früchte tragen.

Edelstein
Edle → Steine sollen auf die Bedeutung des ganzen Traums verweisen, in dem sie vorkommen, wobei man vor allem auf ihre → Farben achten soll.
→ Diamant
→ Perle

Eiche
Unter den Träumen von → Bäumen gilt der von einem Eichenbaum als besonders erfreulich (vgl. auch → Kranz). Er versichert besonders langes Leben und Gesundheit für den, der ihn sieht, und wenn er als besonders mächtig und weitverzweigt erscheint, für die ganze Familie.
→ Mistel

Eichel
Sieht man viele Eicheln auf dem Boden herumliegen, so soll dies Fruchtbarkeit bedeuten. Es soll schon häufig vorgekommen sein, daß bejahrte Frauen, die kein Kind haben konnten, solche Baumfrüchte im Traum sahen und unmittelbar darauf, zu ihrer großen Freude, fruchtbar wurden.

Eichelkaffee
Mag dieses Getränk sehr bitter sein, so trifft man im Volk (ich hörte dies von Osteuropäern, Schweizern und Elsässern) die Auffassung, daß es besonders gesund ist. In beiden Fällen bestand die Sage, daß die Menschen diesen Kaffee im Fall von verderblichen Seuchen — so in der furchtbaren Grippeepidemie nach dem Ersten Weltkrieg — mit allerlei weiteren → Kräuterzusätzen tranken, um gesund zu bleiben.
Trinkt ein Kranker im Traum Eichelkaffee, soll es auf baldige Gesundheit hindeuten. Tut dies ein Gesunder, so betrachtet man es als Vorzeichen eines noch sehr langen und gesunden Lebens.

Eichkatze (Eichhörnchen)
Ein solches Tier, im Traum gesehen, bedeutet, daß etwas im Leben in Bewegung kommt. Wenn es auf dem Boden auf einen zukommt, zeigt dies eine gute Beziehung zum andern Geschlecht an.
Auch wenn ein Eichhörnchen aus dem Baumwipfel zum Träumer herunterklettert, soll dies eine günstige Änderung bedeuten. Läuft es aber von unten den Stamm hinauf und verschwindet dann in den Blättern, so kann dies eine eher unerfreuliche Wende im künftigen Schicksal verraten.

Eidechse
Flinke Tiere (→ Eichhörnchen) weisen auf Dinge, die in Bewegung kommen, also auf einen plötzlichen Wandel in den Lebensverhältnissen.
Eine »rasch herumhuschende« Eidechse bedeutet, daß man in der kommenden Zeit auch auf scheinbar leeres Geschwätz lauschen muß – darin könnte ein wichtiger Hinweis enthalten sein.
→ Blindschleiche
→ Drache
→ Schlange

Eier
Diese bedeuten Fruchtbarkeit in jeder Beziehung, also eine gute Ernte, aber auch Geburt oder Gesundheit von Kindern.
→ Hahn
→ Huhn
→ Vogel

Einbrecher
Sieht man im Traum einen Einbrecher, so kann überschätzter eigener Besitz demnächst sehr viel von seinem Wert verlieren.
→ Diebstahl

Einsiedler
Der Träumer sehnt sich nach einer Zeit ruhiger Überlegungen. Er muß ein wenig dem Lärm der Welt ausweichen und nach Möglichkeit in der Ein-

samkeit (den Einsiedler sieht man bezeichnenderweise meistens im → Wald) über seine Lage und seine ganze gewöhnliche Tätigkeit nachdenken.
→ Engel
→ Heilige
→ Waldbruder

Eis
Vereister, glatter Boden, besonders, wenn gleichzeitig → Schnee fällt, bedeutet, daß man bei seiner derzeitigen Tätigkeit sehr vorsichtig sein muß. Die Zeit ist nicht günstig, und nur mit Rücksicht nach allen Seiten und viel Erfahrung wird man den gewünschten Erfolg erlangen.

Eisen
Will man vorwärtskommen, muß man in den kommenden Tagen Entschiedenheit und Härte beweisen. Sieht man rotglühendes Eisen, stehen besonders schwere Prüfungen bevor.
→ Blei
→ Gold
→ Kupfer
→ Schmied
→ Silber
→ Zinn

Eisenbahn
Fährt man mit der Eisenbahn, so kann dies ein Sinnbild für eine Veränderung der Lebensumstände sein, in denen man sich befindet. Sind die Angestellten der Eisenbahn und die Mitfahrer dabei besonders freundlich, so bedeutet diese Reise einen erfreulichen Fortschritt.
→ Bahnhof
→ Briefkasten
→ Gepäck
→ Tunnel
→ Wagen

Elster
Man soll nicht auf leeres Geschwätz hören, sonst ist es leicht möglich, daß man von Dieben an der Nase herumgeführt wird.

Eltern
Sieht man im Traum seine Eltern (auch, wenn sie verstorben sind), dann wird man in jedem Fall eine unerwartete Unterstützung erhalten.
→ Bruder
→ Mutter
→ Schwester
→ Vater

Engel
Sieht man himmlische Wesen, besonders, wenn sie von oben, von den → Bergen oder von den → Sternen kommen, bedeutet dies eine Zunahme der Gesundheit und damit eine Verlängerung der Lebensdauer. Erzählen diese Gestalten dem Träumer etwas, so können diese Worte einen verborgenen Sinn und gute Ideen für die Zukunft enthalten.
→ Einsiedler
→ Heilige

Ente
Sieht man Enten, dann deutet man dies auf eine Verbesserung der Beziehungen zu seinen Mitmenschen. Sieht man eine Ente ein → Ei legen, weist dies anscheinend auf einen guten und einträglichen Einfall.
→ Huhn
→ Vogel

Erbrechen
Erbricht man im Traum, wird man bald Überfluß an Speise und Trank haben, freilich aber vorsichtig sein müssen, daß man

durch einen vergänglichen Überfluß nicht leichtsinnig wird und dadurch zu Schaden kommt.
→ Betrunkenheit
→ Fest

Erdbeben
Große wirtschaftliche Erschütterungen (Krisen) in dem Land, in dem man sich befindet. Auch das persönliche Glück, auf alle Fälle der eigene Wohlstand, können dadurch in Mitleidenschaft gezogen werden.
→ Vulkan (Feuerspeiender Berg)

Erdbeeren
Namentlich wenn man sie in einem von der → Sonne hell durchleuchteten → Wald pflückt, bedeute eine in Hinsicht der Sinneslust sehr erfreuliche und dauerhafte Liebesverbindung. Wird man beim Finden der Erdbeeren von → Beerensammlern gut beraten, findet man zu dieser Liebesverbindung von erfahrenen Menschen guten Rat.

Erde
Ist das Kleid mit Erde verschmiert oder berührt man diese (z.B. beim → Beten), dann wird man zuverlässige Unterstützung erhalten. Ist man gerade krank, so bedeutet dies baldige Gesundheit. Für einen bereits alten Menschen wird ein solcher Traum als ein Versprechen für noch langes Leben verstanden.

Ernte
Gute Leistungen in der Vergangenheit bringen guten Lohn ein. Sieht man aber das Feld nach der Ernte im → Herbst abgemäht, dann ist man für seine Arbeit nicht genügend belohnt worden; andere haben den Gewinn davongetragen.
→ Acker
→ Bauer

Esel
Der Traum von Eseln gilt meistens als glückverheißend, da

dieses Tier früher als sehr genügsamer Träger von großen Lasten geschätzt wurde. Sieht man einen Esel, bedeutet dies einen günstigen Fortgang der eigenen Angelegenheiten, vor allem, wenn man bereit ist, geduldig zu sein und auch noch einige Zeit hart zu arbeiten.
→ Reiten
→ Roß

Essig
Trinkt man im Traum Essig, so bedeutet dies »bittere« Erfahrungen, leider recht häufig mit den nächsten Verwandten oder Freunden.
→ Dürre
→ Durst

Eule
Hört man in der → Nacht den Eulenruf oder sieht einen solchen → Vogel durchfliegen, ist auch dies eine sehr nützliche Mahnung: Man darf sich nicht durch leeres und abergläubisches Gerede verwirren lassen und soll das tun, was man sich fest vorgenommen hat.
→ Fledermaus

F

Fackel

Hält einer im Traum eine brennende Fackel in seinen Händen, so kann ihm dies in Angelegenheiten der Nacht Glück bringen; einige sagen: in Liebesdingen, die zumindest zuerst nicht an die lärmige Öffentlichkeit gehören. Ein Deuter erzählte, dies sei ein Hinweis, daß man in den drei darauffolgenden Nächten besonders auf seine kommenden Traumbilder viel Aufmerksamkeit verwenden sollte. In ihnen werde man weitere aufklärende Hinweise erhalten.

→ Feuer
→ Kerze

Fahrendes Volk

Sieht man »Fahrende« jeder Art, also zum Beispiel → Zigeuner oder → Zirkusleute, dann bedeutet dies den baldigen Gewinn von Lebenserfahrungen. Hat man beim Anblick der Fahrenden ein gutes Gefühl, werden diese Erfahrungen in jeder Beziehung beglückend sein. Hat man aber vor den Nomaden ein Gefühl der Furcht, dann können diese Erlebnisse eine unangenehme Seite haben.

→ Lagerfeuer
→ Wagen
→ Wohnwagen
→ Zelte

Falke
Man kann die Gelegenheit zu einer Tat bekommen, auf die man später mit viel Berechtigung stolz sein kann.
→ Vogel

Falle
Sieht man eine Falle für → Raubtiere oder sogar eine Mausefalle, so betrachte man dies als eine Warnung, ähnlich wie den Traum von → Netz oder → Seil. Man muß demnächst sehr vorsichtig handeln, sonst macht man einen Fehler, der von Übelwollenden leicht ausgenützt werden kann.

Falten
Sieht man auf seinem Gesicht tiefe Falten, dann bedeutet dies drohende Sorgen, vor allem schlechte Nachrichten.
→ Schminken

Farben
Ist in einem Traum eine Farbe besonders auffällig, sei es, daß in ihm glänzende Gegenstände (etwa → Edelsteine) besonders vorkommen, sei es, daß die ganze Traumlandschaft in ein besonderes Licht getaucht ist, dann soll es sich auf das Gebiet beziehen, von dem die geschauten Sinnbilder handeln. (Ist zum Beispiel die Traumlandschaft auffallend → rot, handelt das Nachgesicht vor allem von der Welt der sinnlichen Leidenschaften.)
→ Blau
→ Braun

→ Gelb
→ Gold
→ Grau
→ Hell
→ Nacht
→ Rot
→ Silber
→ Violett
→ Weiß

Faß
Sieht man volle Fässer, besonders mit → Honigtrank, → Wein, → Öl, dann stehen Zeiten des Überflusses bevor. Sind sie aber leer, dann bedeutet dies Verlust oder sogar allgemeine Teuerung.

Felsen
Bei dem Unternehmen, an dem man gerade ist, stehen bedeutende Mühen bevor. Man darf aber vor ihnen nicht zurückschrecken.
→ Berg

Fenster
Ist ein Fenster weit offen, dann wird man in seinem allernächsten Umkreis einen guten Freund oder eine liebe Freundin finden. Ist das Fenster aber geschlossen, so bedeutet dies Schwierigkeiten mit den Nachbarn.
Ist man in einem Raum mit vielen Fenstern, die in ganz verschiedene Landschaften Einblick gewähren, dann hat man gute und zuverlässige Freunde. Ihre Nachrichten gewähren dem Träumer Einblick in ganz verschiedene, für ihn aber nützliche Gebiete.
Sieht man ein Fenster zerbrochen, dann kann durch den Verlust eines Freundes großes Unglück entstehen.

Ferien
Kannst du im Traum in die Ferien gehen, wird eine Angelegenheit, an der du gerade bist, einen unerwarteten und günstigen Abschluß finden.

Fest
Sieht man sich an einem festlichen Anlaß ohne eigentlichen Sinn, so ist dies die Warnung vor der Verschwendung. Ist es aber ein Fest, das man aus Liebe zu Bräuchen begeht (also eine heilige Zeit des Jahres oder ein Familienereignis), dann bedeutet dies eine Wendung zum Guten.

Feuer
Sieht man im Traum Flammen, wird man eine bewegte Zeit erleben. Je heller das Feuer ist, desto günstiger kann deren Schlußergebnis sein.
→ Blitz
→ Fackel
→ Himmels-Feuer
→ Kerze
→ Lagerfeuer
→ Ofen
→ Rauch
→ Vulkan

Feuerwehr
Je schöner, glänzender die Uniformen der Feuerwehr sind, die der Träumer erblickt, und je besser die Feuerwehr arbeitet,

um so mehr Hilfe in allen Schwierigkeiten hat er künftig zu erwarten.
Wird er gar von der Feuerwehr aus einem Brand gerettet, kann dies Glück bedeuten, »das auf den Träumer zukommt, ohne daß er dafür mehr tun muß, als denen, die ihm genützt haben, schön danke zu sagen«.

Finden
Findet man etwas Verlorenes, so ist dies ein Hinweis, daß man gerade Glück hat und demnächst etwas wagen darf.

Fingernägel
Sieht man seine Nägel stark, gepflegt und sauber, so heißt dies, daß die eigene Lebenskraft in Ordnung ist und man also die kommenden Mühen spielend überwinden kann.
→ Hand

Fisch
Fische im Wasser (selbstverständlich nicht gefährliche Raubfische, zum Beispiel → Hai) bedeuten Dinge, die man

gewinnen will. Fischt man nach ihnen, ruhig am → Ufer oder auf einem → Schiff sitzend, mit gutem Erfolg, so ist alles in Ordnung. Es ist dies ein Zeichen, daß man mit guter Geduld bei seiner gewohnten Beschäftigung und ohne viel Anstrengungen »gut sein Auskommen findet«. Ein großer Fisch, den man fängt, bedeutet selbstverständlich dabei einen besonderen Glücksfall. Sind aber die Fische besonders klein oder gar faulig stinkend, dann sollte man sich überlegen, ob man nicht seine Beschäftigung wechseln soll.
→ Schwimmen
→ See
→ Meer

Flecken
Sieht man auf seinen → Kleidern oder → Möbeln im Traum häßliche Flecken, so ist dies die Warnung vor Tätigkeiten, die Gewissensbisse einbringen können.

Fledermaus
Man darf alle seine Taten nicht immer an die große Glocke hängen; dies kann überflüssige Mißverständnisse erzeugen.
→ Eule
→ Maus

Fleisch
Sieht man rohes, blutiges Fleisch, soll dies auf eine unangenehme Nachricht hinweisen; als besonders unglücklich gilt es, wenn es sich um Rindfleisch handelt.
Sieht das Fleisch gut und wohlschmeckend gebraten und entsprechend einladend aus, kann die Nachricht, die bevorsteht, umso angenehmer sein.
→ Fest
→ Metzger

Fliegen
Wird man von Fliegen oder andern lästigen (giftigen) Insekten umschwärmt, muß man mit Geschick etwas gegen seine Ehrabschneider und Verleumder tun.

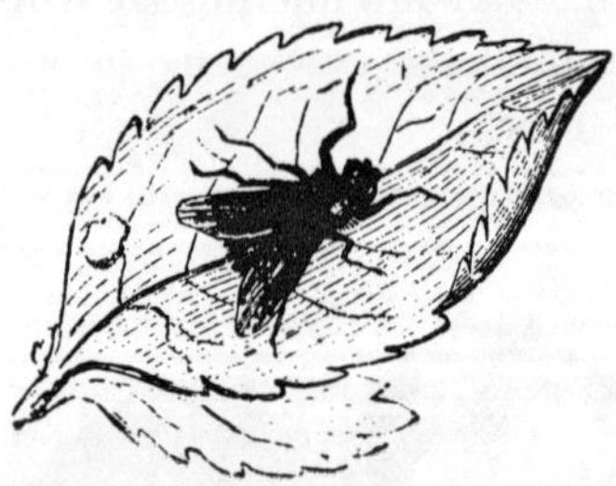

Fliegen
Das Schweben, Verlieren von jedem Gefühl der Schwerkraft, besonders wenn es »dem Himmel oder den → Sternen zugeht«, gilt als eine Mahnung, seine Schwerblütigkeit, das Gefühl der Melancholie, des Weltschmerzes, mit jedem Mittel zu bekämpfen. Sie ist der Hauptfeind, den der Träumer hat! Aus dieser verderblichen Grundstimmung sieht er die besten Gelegenheiten nicht, die sich vor seiner Nase befinden.
→ Flügel
→ Luftschiff
→ Vogel

Fliegenpilz
Sieht man einen Fliegenpilz zwischen dunklen → Wurzeln und → Moospflanzen hervorleuchten, verweist er auf ganz bedeutendes Glück. Man wird sich aber, um es zu erhalten, »bükken« müssen: Also jemandem eine Höflichkeit erweisen, sich bei jemandem (den man ungerecht beleidigte!) entschuldigen, eine voreilig aufgegebene Angelegenheit neu aufnehmen, usw.
→ Pilz

Flöhe
Sieht man sich von Flöhen belästigt, warnt davor, viel Zeit mit Menschen zu verlieren, deren Umgang nichts einbringen

kann. Man soll auch nicht in der Gegenwart von Unbekannten über jemand, den man kennt, hart urteilen: Die Worte können, verdreht, mit großer Geschwindigkeit verarbeitet werden und damit viel Mißverständnisse und Schaden erzeugen.
→ Ungeziefer

Flügel
Der Besitz von Flügeln weist auf die baldige Entfaltung von Begabungen, die man sich selbst bisher noch gar nicht zumutete. Man soll auf seine etwaigen Minderwertigkeitsgefühle verzichten, und der Erfolg wird sicher sein.
Sieht man dagegen etwa einen Gegner mit Flügeln versehen, so ist ein Sieg gegen ihn beinahe hoffnungslos.
→ Fliegen
→ Luftschiff
→ Vogel

Flötenspiel
Vernimmt man aus der Ferne, namentlich aus dem → Wald oder von einer → Wiese her, den Flötenklang, wird man schon bald mit angenehmen Gedanken und Hoffnungen beschäftigt sein.

Flut
Sieht man um sich steigende Fluten (→ Überschwemmung), soll es den Wunsch bedeuten, in seine Alltagswelt, seine Beschäftigungen, eine starke Veränderung zu bringen.
→ Wasser

Frau
Sieht man im Traum eine unbekannte Frau, bedeutet dies eine Überraschung für die baldige Zukunft. Die Art des Ereignisses soll man durch die Umgebung dieser Begegnung bestimmen können (wichtig ist z.B., ob sie aus dem → Wald, dem eigenen → Haus usw. herauskommt.)
→ Dirne
→ Hexe
→ Jungfrau
→ Mann
→ Mutter

Friedhof
Die Traumdeutung stammt weitgehend aus Kulturen, in denen die Verehrung der Vorfahren, der Ahnen, eine große Bedeutung hat. Zigeuner betrachten es als ihre Pflicht, oft sehr weite und gefährliche Reisen zu unternehmen, um jährlich möglichst viele der Gräber der Verstorbenen ihres Stammes zu besuchen. Sie betrachten dies vielfach nicht etwa als Ausdruck der Trauer – man besucht sogar die Gedenkstätten von Urgroßelten, die man selbst gar nicht gekannt hat. Der feierliche Besuch soll die Beziehung zu den Kräften der Ahnen schaffen und damit sogar die Lebenskraft, also Glück und Gesundheit der Lebenden, steigern. Der Besuch eines Friedhofs (oder des eigenen → Grabes) im Traum gilt darum in der Regel als das Versprechen einer erfreulichen Wendung im Leben des Träumers. Je malerischer der Friedhof (das Grab) aussieht, den er erblickt (also zum Beispiel mit Blumen geschmückt, umfangreich, von einem schönen Gotteshaus behütet usw.), um so bedeutender soll sogar dieses Glück sein.
→ Asche
→ Beerdigung

Fröhlichkeit
Je freundlichere, munterere, schönere Menschen wir im Traum treffen, um so sorgloser dürfen wir in die kommenden Tage blicken.
→ Häßlichkeit
→ Lachen
→ Schönheit

Frosch
Besonders wenn man das Quaken von Fröschen hört, heißt es, daß man auf leeres Gerede oder auf nichtige Ratschläge nicht achten sollte. Sieht man in einem → Bach viel Froschlaich, dann wird man auf seinem Weg nur nichtige Hindernisse antreffen. Grüne Frösche deuten eher auf eine allgemeine Zuneigung, auf die der Träumer rechnen kann.
→ Kröte

Frühling
Wer seine Umwelt im Zustand des Frühlings, meist gleichzeitig von der → Sonne beschienen, erblickt, dem kann ein ganzer Monat oder eine noch längere Zeit bevorstehen, in der sich alles ganz im Sinn seiner geheimen Hoffnungen entwickelt.
→ Herbst
→ Sommer
→ Winter

Fuchs
Unter den → Raubtieren gilt der Fuchs als besonders listig. Sieht man ihn im Traum, so betrachtet man es häufig als Warnung vor besonders scharfsinnigen Menschen – oder eben als wichtige Mahnung, in künftigen Tagen all seine eigenen Listen und Erfahrungen zusammenzuhalten und im richtigen Augenblick zu verwenden.

Fürst
Sieht man einen Fürsten auf seinem → Thron oder in seinem goldenen → Wagen, bedeutet dies günstige Veränderungen. Wenn man einen solchen in seinem → Schloß aufsucht, so heißt dies, daß man für sein besseres Fortkommen eine Reise unternehmen sollte.
Ist der Fürst im Traum zornig, kann man leicht Ärger mit den herrschenden Gesetzen bekommen. Sieht man sich selber als Fürst, so sollte man in seinem künftigen Auftreten ein wenig bescheidener oder zumindest höflicher werden.
→ König

Fußschmuck
Sieht man Frauen, die nicht nur → Armringe tragen, sondern auch entsprechende Fußringe, wie sie in Indien oder auch bei dem Fahrenden Volk im Abendland üblich sind, so bedeutet dies kommende Lebensfreude.

Dies gilt besonders auch für Frauen, die im Traum sehen, daß sie solchen Schmuck anziehen. Besonders glückverheißend soll es sein, wenn solche Festringe aus Edelmetallen (oder aus Kupfer) zusätzlich noch nach morgenländischem Brauch mit kleinen, zart klingenden → Glöckchen geschmückt sind.
→ Halskette

G

Gabel

Sich mit einer Gabel stechen, deutet auf eine unangenehme Wahrheit, die man schon bald vernehmen muß. Hebt man eine Gabel vom Boden auf, dann weist dies auf einen ärgerlichen Besuch. Es kann zum Beispiel der Postbote sein, mit der Aufforderung, eine Schuld zu bezahlen.

→ Löffel
→ Messer
→ Tasse
→ Teller

Galgen

Wird jemand im Traum gehängt oder beteiligt sich an einer solchen → Hinrichtung, dann kann er in eine unsichere Lage kommen. Einige sagen, daß ihm nach einem solchen Bild im Schlaf ein Wohnungswechel mit vielerlei Umständen bevorsteht. Wenn man selbst an einem Galgen hängt, so ist dies oft auch ein Hinweis auf eine vermehrt notwendige Entschlossenheit. Gräbt man auf einem Galgenhügel nach einem → Schatz, dann wird sich ein peinlich begonnenes Unternehmen als vielversprechend erweisen.

→ Hinrichtung
→ Strafe

Garten

Der blühende Garten bedeutet das Glück in der Familie; ist er verwüstet, dann selbstverständlich das Gegenteil. Lustwandelt man in seinem Garten herum, dann soll man sich in der Gegenwart vermehrt Zeit lassen, sich seinen Angehörigen zu widmen. Ist um den Garten ein → Zaun oder eine hohe → Mauer errichtet, so ist es ein Hinweis, über sein Glück nicht viel mit Außenstehenden zu reden, es könnte dies nur Neider und damit Feinde erziehen.

→ Brunnen
→ Dornen
→ Gießen

Gartenhaus

Das Gartenhaus zeigt, daß man in einer beginnenden Angelegenheit (es muß nicht unbedingt eine Liebesverbindung sein) rücksichtsvoll und verschwiegen sein soll. Diese ganze Angelegenheit ist um so wertvoller und für die Zukunft vielversprechender, je mehr das Gartenhaus von → Blumen, besonders von → Rosen, umgeben ist.

Geburt

Sieht man die eigene Geburt (gelegentlich auch die von nahestehenden Menschen), hat man noch ein sehr langes Leben vor sich. Sind bei dieser Geburt viele Menschen anwesend, wird man in seinem künftigen Dasein noch viel Ehre und Ruhm gewinnen können.

→ Hebamme

Gefängnis

Wird man in seinem Traum in das Gefängnis abgeschleppt, kann man demnächst in eine gefährliche Gesellschaft kommen. Sitzt man dagegen in einem Gefängnis und blickt voll Sehnsucht nach dessen → Fenster, das in die Weite führt, dann

ist man daran, alle Nachteile seines Alltags deutlich zu begreifen. Man wird also mit größter Wahrscheinlichkeit schon bald Mittel finden, sich aus einem Zustand der Enge zu befreien.

→ Galgen
→ Hinrichtung

→ Käfig
→ Kerker
→ Strafe

Gelb

Gelb ist die → Farbe von → Gold und → Sonne. Spielt sie in einem Traum die wichtigste Rolle, dann verkündet sie die Zunahme des Wohlstands.

Geld

Sieht man im Traum Geld, so soll es bedeuten, daß man es nötig haben wird — was also ein nicht gerade beliebtes Vorzeichen ist. Es soll aber besser sein, Gold- oder Silbermünzen zu

sehen, weil der Wert der Edelmetalle etwas Zuverlässiges ist. Papiergeld kann, zumindest nach der Auffassung der Deuter aus dem Fahrenden Volk, seinen Wert rasch ändern; das Sehen von solchen Scheinen soll besonders dann vor großen Verlusten warnen, wenn es mit hohen Zahlen beschriftet ist.
→ Austern
→ Bank
→ Wette

Gepäck

Je schwerer das Gepäck ist, mit dem sich der Träumer in der → Eisenbahn oder in seinem → Wagen abmüht, um so mehr quälende Überlegungen, die aus der Vergangenheit stammen, sollte er nun vergessen. Um weiterzukommen, braucht er jetzt vor allem eine gewisse Selbstsicherheit.
→ Bahnhof

Geschlechtskrankheit
Wenn man an sich selbst oder an andern im Traum Geschlechtskrankheiten sieht, bedeutet dies sehr häufig ein schlechtes Gewissen wegen leichtfertigen Beziehungen zum andern Geschlecht. Falls man in Zukunft in der gleichen Art weiterfährt, kann dies zu schlimmsten Folgen führen.
→ Kastration
→ Krankheit
→ Spital

Gewalt
Alle Träume von roher Gewalt, Folter, offener Bosheit, sollen eine innere Unsicherheit verraten. Es sind dies Warnungen vor einer »unsicheren« Zukunft, wenn man nicht fähig ist, seine innere Ruhe und damit Zuversicht gegenüber kommenden Dingen wiederzufinden.
→ Hinrichtung
→ Mord
→ Strafe

Gewehr
Die Gattin (träumt die Frau – selbstverständlich der Mann!) erweist sich in einer harten Prüfung oder Gefahr als besonders treu und zuverlässig.
→ Bogen
→ Krieg

Gewichtheben
Übt man sich im Traum im Heben von Gewichten, dann bedeutet dies, daß man bald auf die Idee eines größeren Unternehmens kommen wird, zu dessen glücklichem Abschluß man sich nicht genug üben oder gründlich vorbereiten kann.
→ Stein-Heben

Gießen
Begießen seines → Gartens oder von → Blumen (z. B. vor seinem → Fenster) deutet man meistens auf eine Reihe von freundlichen, entspannten Tagen.

Gift
Wird man im Traum von andern vergiftet, anscheinend besonders häufig durch einen → Schlangenbiß oder einen Stich des → Skorpions, so bedeutet es eine glückliche Wendung: Geschieht dies einem → Kranken, dann soll eine baldige Genesung

bevorstehen; stößt es einem unglücklich Verliebten zu, dann steht er – ohne es zu wissen – unmittelbar vor der baldigen Erfüllung seiner Wünsche.

Nimmt man selbstmörderisch ein Gift zu sich, so ist dies eine Warnung vor minderwertigen Nahrungsmitteln oder eine Ermahnung, sich bei Einladungen vor Übertreibungen der Tafelfreuden zu enthalten.

→ Fest

→ Tollkirsche

Gitter

Wer ein Gitter sieht, hat »ein Gitter vor dem Kopf«; er wehrt sich, gute Anregungen von andern Menschen anzunehmen. Er sollte sich einige freie Stunden gönnen und zuhören, was sich die Menschen in den Wirtshäusern oder auf den Märkten erzählen; einiges in ihren Gesprächen könnte ihn auf gute und für ihn neue Gedanken bringen.

→ Gefängnis

→ Käfig

→ Kette

→ Kerker

Glas

Sieht man durch Glas, zum Beispiel ein → Fenster oder in ein → Geschäft hinein, so wird man bald Einblick in eine bisher verborgene Angelegenheit bekommen.

Sieht man Glas in viele Scherben zersplittern, dann steht ein glücklicher Zufall bevor.

Glocke

Hört man Glocken läuten – es ist im Traum anscheinend gleichgültig, ob dies Glocken von einer → Kirche oder von einer → Kuhherde sind –, so bedeutet dies, daß man in eine Angelegenheit hineingezogen wird. Es wird eine sein, in die sehr viel Volk verwickelt ist. Es wird behauptet: »Um den möglichen Ausgang dieser Sache zu bestimmen, muß man noch andere Zeichen beachten. Beim

Glockenläuten allein weiß man nie genau, worum es geht, um eine → Hochzeit, oder eine → Beerdigung. Eins ist sicher, der Schall davon wird weit im Lande vernommen.«
→ Fußschmuck

Gold

Sieht man goldglänzende Gegenstände, dann bedeutet dies Glück in materiellen Dingen.
→ Gelb
→ Geld
→ Schatz
→ Silber
→ Sonne

Grab

Steht man vor seinem eigenen Grab, so ist der eigene Tod in weiter Ferne. Liegt man in seinem Grab, also von feuchter Erde umgeben, deutet man dies häufig auf eine gute Heirat oder auf eine Zukunft, die man später als sehr fruchtbar ansehen wird.
→ Beerdigung
→ Friedhof
→ Tod

Grau

Die graue → Farbe steht zwischen Licht und Dunkelheit. Beherrscht sie die Traumlandschaft, soll sie auf eine geistige Veränderung oder eine wirtschaftliche Verschiebung (also für Händler einen möglichen geschäftlichen Erfolg) hindeuten.

Greis

Sieht man im Traum grauhaarige Menschen, dann verspricht dies, daß man gerade daran ist, eine schwere, aber trotzdem (oder deswegen) wichtige – und in jeder Beziehung nützliche – Lebenserfahrung zu machen.

→ Alter Mann
→ Haar
→ Hexe

Grille
Sieht man eine Grille oder vernimmt ihr Zirpen, so bedeutet dies eine gute Nachricht. Musiziert sie im Hause des Träumers, so werden alle seine Angehörigen Glück haben.

Grobheit
Behandelt man jemand im Traume grob, so ist dies eine Mahnung, sich künftig besser zu beherrschen – sonst schafft man sich nur überflüssige Feinde. Wird aber der Träumer selbst grob behandelt, dann soll er sich gut überlegen, ob er nicht auf irgendeinem Gebiet listig getäuscht und dadurch ausgenützt wird.

Grün
Grün ist die → Farbe der im Frühling sich erneuernden Natur und auch des Sterns der Liebe → Venus. Spielt in einem Traum Grün eine wichtige Rolle, dann verspricht er künftige Lustbarkeiten.

Haar
Hat der Träumer (selbstverständlich auch die Träumerin) sehr langes Haar, dann soll es Zunahme des Erfolgs in Liebesangelegenheiten bedeuten. Es weist auch auf den Erfolg, das Leben im eigenen Sinn zu gestalten.
Frühe Glatze bedeutet Mutlosigkeit. Schmutziges Haar verrät baldige Ermüdungserscheinungen, die, wenig beachtet, zu verschiedenen Krankheiten zu führen vermögen.
→ Greis

Händler
In der Traumdeutung meistens in der Gestalt des Verkäufers auf dem → Jahrmarkt bekannt: Baldige Gelegenheit, einen Gegenstand zu kaufen, nach dem man schon lange suchte.
→ Trödler
→ Laden

Häßlichkeit
Sieht man sich im Traume häßlicher, als man in Wirklichkeit ist, soll dies vor einem kommenden Kummer warnen.
→ Fröhlichkeit

Hahn
Sieht man einen möglichst bunten Hahn, dann wird man über Leute siegen, denen es um ein gleiches Ziel geht. Vernimmt man einen Hahn krähen, dann wird man in gutes Gerede kommen.
→ Huhn
→ Pfau

Hai
Der Hai bedeutet den Zusammenstoß mit einem ernsthaften Gegner. Muß man dem Ungetüm im → Wasser, also seinem ureigenen Element, entgegentreten, kann es einen Wunsch nach dem Wechsel des eigenen Arbeitskreises verraten.
→ Fische

Halskette
Eine glückliche Verbindung steht dem Träumer bevor. Ist sie mit besonders wertvollen Edelsteinen geschmückt, dann wird der Mensch, mit dem man demnächst zusammenkommt, besonders zuverlässig und treu sein.
Das Sich-Schmücken mit Halsschmuck, besonders aus Edelmetallen (→ Gold, → Kupfer, → Silber) gilt als glückverheißend. Man wird demnächst Gelegenheit zu festlichen Anlässen bekommen, an denen man mit einigem Erfolg liebenswürdige Menschen von anderm Geschlecht antreffen kann.
Verliert man eine Halskette, besonders wenn sie aus altem Familienbesitz ist, so deutet man dies als eine Warnung vor dem Verlust einer guten Beziehung.
→ Fußschmuck
→ Kette

Hammer
Der Träumer ist in eine Auseinandersetzung verwickelt, in der er recht hat. Er soll aber seine Kraft nicht überschätzen und sich umschauen, ob er in diesem Fall nicht gute Ratgeber oder Verbündete finden kann.
→ Schmied

Hand
Sieht man im Traum seine Hand verwundet, so ist dies eine Mahnung, eine Schuld gegenüber einem Mitmenschen einzulösen. Es kann sich um eine Geldschuld handeln oder um das endliche Einlösen eines gegebenen Versprechens.
→ Armring
→ Fingernägel

Hang
Sieht man auf einmal im Traume vor sich eine Bodenerhöhung steil aufragen, dazu etwa mit Gestein übersät und darum schwer zu erklimmen, dann ist dies ein Hinweis auf eine Unzahl von baldigen Schwierigkeiten.
→ Berg

Hase
Sieht man im Traum Hasen, muß man sich hüten, in die Stimmung von Unsicherheit und Furcht (etwa wegen drohenden Welthändeln) hineinzukommen.

Haus
Ein Haus im Traum scheint in der Regel auf Vorgänge zu deuten, die im Umkreis der eigenen Familie geschehen. Errichtet man sich ein Haus, so deutet dies auf die Begründung des eigenen Haushalts oder (falls eine solche schon stattgefunden ist) auf deren Ausweitung. Ist das Haus besonders schön, hat Türme und Treppen, gleicht immer mehr einem → Schloß, so weist dies auf die Möglichkeit des wachsenden Wohlstands (selbstverständlich auch im seelischen Sinn, also des allgemei-

nen Wohlseins aller Angehörigen) oder einer Standeserhöhung.
Ist das Haus unheimlich leer und verlassen oder ist es in einen traurigen Trümmerhaufen gesunken, so gefährdet man durch sein unbedachtes Verhalten das Glück seiner Familie.
→ Feuer
→ Herd
→ Ofen

Hebamme
Die Hebammen im Traum sind weise Ratgeberinnen und machen es verständlich, warum man diesen Frauen in der Vergangenheit so häufig zutraute, richtige → Hexen zu sein: Die Bedeutung des Bilds eines solchen Weibs ist stets das Wachstum der Familie. Sieht man die Hebamme im Traum in freundlicher Stimmung, dann wird ein solches Ereignis besonders beglückend und in jeder denkbaren Beziehung vielversprechend sein.
→ Amme

Heilige
Sieht man Heilige auf Bildern, dann soll dies baldige Hilfe bedeuten. Sieht man lebendige Heilige, beispielsweise in einem → Wald oder auf einem → Berg, dann weist dies auf eine Wendung zum Guten.
→ Einsiedler
→ Engel
→ Waldbrüder

Heimat
Ist man im Traum gezwungen, seine Heimat zu verlassen oder zumindest aus ihr wegzureisen, so bedeutet dies eine günstige Möglichkeit, die man dank dem Land seiner Herkunft findet.

Helle
Erscheint im Traum die Umwelt oder die eigene Wohnung auffallend hell, wird man einen verlorenen Gegenstand wiederfinden oder eine sehr naheliegende gute Idee bekommen.
→ Farben

Hemd
Man bekommt eine Stelle im Beruf. Diese ist um so besser, je → farbiger das Hemd und je besser dessen Tuch ist. Zieht man sein Hemd aus, dann kann dies eine berufliche Veränderung bedeuten.

Herbst
Das Wandern durch den Herbst, also eine Landschaft, deren Pflanzenwuchs welkt, bedeutet die Trauer um Vergangenes. Begegnet man aber zum Beispiel in dieser trüben Landschaft → Frauengestalten, namentlich wenn sie bunte → Kleider und frei wehende, lange → Haare haben, so bedeutet dies, daß Hoffnungen aus der Kindheit und Jugend demnächst auf eine neue Art ihre Auferstehung feiern werden.
→ Ernte
→ Frühling
→ Sommer
→ Winter

Herd
Ist der Herd warm, siehst du in ihm das → Feuer hell glühen, liegt neben ihm genug Brennholz, dann stehen ruhige Familienverhältnisse und eine beständige gegenseitige Liebe bevor.
→ Haus
→ Ofen

Herde
Namentlich → Kuhherde verstärkt alle Glücksmöglichkeiten, besonders, wenn sie auf einer grünen, blühenden → Wiese weidet. Tut sie dies unter der Obhut eines → Hirten, so wird man einen baldigen Glückszustand vor allem dem Einfluß eines freundschaftlich gesinnten Mannes verdanken. (Sieht man im Traum eine Hirtin, so bedeutet dies selbstverständlich eine freundschaftlich gesinnte Frau.)

Heuschrecke
Sieht man dieses Insekt, besonders wenn es in einem dichten Schwarm auftritt, soll es eine Teuerung für das ganze Land bedeuten. Manchmal deutet man einen solchen Traum als

einen Vorboten öffentlicher Unruhen, erzeugt von kurzsichtigem Pöbel, der nur an seinen eigenen Gewinn denkt und darum den ganzen Wohlstand der andern plündert und verschleudert.
→ Ungeziefer

Hexe
Die Hexe ist im Traum, in dem sie meistens im → Wald haust, einfach eine Weise Frau, die häufig als → Beerensammlerin, → Kräutersammlerin, → Hebamme, → Pilzsammlerin, → Wurzelgräberin usw. erscheint. Ihr Bild bedeutet die Notwendigkeit des Rats einer Frau von sehr großer Erfahrung.
→ Teufel
→ Zauberer (Hexenmeister, Magier)

Himmel
Ist der Himmel wolkenlos und klar, dann braucht man sich am kommenden Tag nicht zu sorgen. Eine üble Nachricht, die sich an ihm abzeichnet, wird sich schon bald als falsch herausstellen.
→ Stern
→ Wolke

Himmelsfeuer
Sieht man den Himmel über sich feurig oder von allerlei eigenartigen Flammenzeichen bedeckt, bedeutet dies einen Vorfall, der nicht nur das Leben eines einzelnen (und seiner eigenen Familie) verändern kann, sondern das eines ganzen Landstrichs.
→ Blitz
→ Meteor

Hinrichtung
Wird einer zu seiner eigenen Hinrichtung geschleppt, dann steht ihm ein Wechsel bevor. Scheint es dem Träumer, daß er diese glücklich überleben, also sozusagen auferstehen wird, dann wird er demnächst eine Veränderung seines Zustands erleben.

→ Diebstahl
→ Galgen
→ Gefängnis
→ Mord
→ Scheiterhaufen
→ Strafe

Hintern
Sieht man die Rückseite eines Menschen, dann deutet man dies sehr häufig auf eine mündliche oder auch schriftliche Absage, die man demnächst bekommt.

Hirsch
Der Anblick des Hirsches kann dem Träumer den Ausbruch einer starken Leidenschaft verraten. Sieht er sich das edle Tier → jagen, kann diese Leidenschaft leicht die ganze Zukunft stark verändern.

Hirte
Das Erblicken eines Hirten, besonders wenn er von einer → Herde umgeben ist, bedeutet die Begegnung mit einem Mann, der die Fähigkeit besitzt, uns auf den Weg in eine immer günstigere Zukunft zu weisen. Sieht man eine Hirtin, so weist dies selbstverständlich auf eine Frau mit den entsprechenden Fähigkeiten und Eigenschaften.

→ Kuh
→ Wiese (Weide)
→ Ziege

Höhle
Man zieht sich durch übertriebene Vorsicht zu stark von den Menschen zurück. Man muß sich überwinden und gute Gemeinschaft suchen.
→ Einsiedler
→ Gefängnis
→ Höhle
→ Keller
→ Kerker

Hölle
Befindet man sich in der Hölle, dann haben wilde und maßlose Leidenschaften den Träumer in eine schwierige Lage gebracht. Könnte er über sich und seine Mitmenschen ein wenig ruhig nachdenken, dann wäre es ihm leicht möglich, aus dem Wirrwarr seiner entfesselten Gefühle einen für sich sehr günstigen Ausweg zu finden.
→ Teufel

Hörner
Hörner auf der → Stirn haben heißt, sich hart durchsetzen müssen. Sieht man einen andern mit Hörnerschmuck, dann wird man ebenfalls um seinen Platz in der Gesellschaft zu kämpfen haben.
→ Bock

→ Hirsch
→ Kuh

Honig, Honigtrank
Genießt man Honigspeisen, so kann dies der Hinweis auf die Tatsache sein, daß man etliche Neider besitzt. Auch wenn man künftig zu guten Speisen und Getränken eingeladen wird, kann dies bedeuten, daß man bei dieser Gelegenheit günstig gestimmt werden soll, damit man eine listig gestellte Falle nicht merkt. Selbstverständlich muß man sich auch vor übertriebenem Lob hüten; es sind dies Schmeicheleien von Menschen, die dem Träumer bei einer guten Gelegenheit eigentlich den Fuß stellen wollen.
→ Biene
→ Blume
→ Wein

Huhn
Je mehr Hühner man im Traum besitzt oder einfängt, um so mehr Möglichkeiten hat man, seinen Wohlstand zu vermehren.
→ Ei
→ Ente
→ Hahn

Hund
Ein Hund bedeutet, daß man auf Treue in seiner Umgebung fest rechnen kann. Sieht man aber im Traum einen toten Hund, so ist gerade dort ein Verrat möglich, wo man ihn am wenigsten erwartet hat.

Sieht man Hunde mit Eifer und Gekläff zu einer → Jagd laufen, so ist dies ein gutes Zeichen. Das was man gerade unternimmt, wird »gute Beute«, also Gewinn, bringen.
→ Wolf

Hunger
Hungert man (oder die eigenen Angehörigen) im Traume oder sieht man sich selbst und/oder seine nahen Angehörigen spindeldürr und mager, dann steht eine schwierige und harte Zeit bevor. Man muß gute Vorräte anlegen, um sie mit Erfolg überwinden zu können.
Spürt man im Traum wachsenden Hunger, so ist dies ein gutes Zeichen. Die eigene Lebenskraft und damit Gesundheit ist in Zunahme begriffen.
→ Dürre
→ Durst

I J

Irrgarten

Wenn man hoffnungslos durch einen Irrgarten läuft, so ist dies die Warnung, in unübersichtliche Händel einzusteigen.

Irrlicht

Ein Traumdeuter erklärte: »Abergläubische Menschen folgen sehr gern Irrlichtern, von denen sie überzeugt sind, daß sie auf die Orte hinweisen, an denen gewaltige → Schätze verborgen sind. Doch die Irrlichter tanzen meistens an sumpfigen Stellen, und die goldgierigen Wanderer, die vom sicheren Wege abirren, geraten häufig in große Gefahr.«

Sieht man ein Irrlicht im Traum, so soll dies darum eine Warnung sein. Man soll durch die lockende Vorspiegelung, einen leichten Gewinn erwerben zu können, nicht von seinen gewohnten Beschäftigungen abirren, sonst gerät man auf unsicheren, morastigen Grund und damit in wachsende Gefahr.

→ Leuchtkäfer (Leuchtwürmchen)

Jäger

Ein Mann mit Erfahrung, dem man begegnen wird.

Jagd
Erfolgreiche Jagd, an der man sich beteiligt: Eine Arbeit, die gleichzeitig einträglich ist und Unterhaltung bereitet.
Ist aber die Jagd im Traum mühsam, erfolglos und gefährlich, dann kann man ein Unternehmen aufgeben.

Jagdhorn
Venimmt man aus der Ferne ein Jagdhorn, dann ist es die Ermahnung, sich ganz ruhig und sachlich zu überlegen, »welche Richtung man am kommenden Tag einschlagen will«. Mit andern Worten: Unüberlegtes Handeln könnte den Träumer leicht um jeden guten Erfolg bringen.

Jahrmarkt
Man sollte sich mit den Angelegenheiten der weiteren menschlichen Gemeinschaft befassen, in deren Schoße man lebt (also etwa des Dorfes, der Stadt, des Landes). Man wird damit einigen Unannehmlichkeiten für sich und die andern vorbeugen können.
→ Händler
→ Trödler
→ Zauberer (Jahrmarkts-Gaukler)

Jungfrau
Ein tröstender Gedanke ermöglicht einen günstigen Neuanfang.
→ Dirne
→ Frau
→ Schwester

K

Käfig
Wenn man sich selbst »im Käfig« sieht, sei es als Mensch oder in der Gestalt eines → Vogels, dann empfindet man sich als eingeschlossen. Sei es durch eine langweilige Arbeit, sei es durch die Trägheit in der Freizeit; man holt sich zu wenig Anregungen aus der weiten Welt herein.
Einige Traumdeuter betrachten einen solchen Traum als Hinweis, daß man mehr ins Grüne hinausgehen sollte, da man sonst »zu wenig frische Luft« bekommt und aus diesem Grunde bald krank werden könnte.
Sieht der Träumer einen → Vogel dem Käfig entfliehen, so sollte er nach einem Weg suchen, seine Lage, die er als unangenehm empfindet, zu verändern: In den kommenden Tagen wird sich eine günstige Gelegenheit dazu bieten.
→ Gefängnis
→ Gitter
→ Kerker
→ Kette

Kaffee
Trinkt man Kaffee, dann kommt man mit größter Wahrscheinlichkeit in lästiges Gerede. Es kann aber auch die Warnung sein, über niemanden voreilig zu urteilen.
→ Tee

Kamm
Sieht man einen Kamm, eine Haarbürste, und bringt damit seine Haare in Ordnung, so wird man demnächst in verworrene Angelegenheiten, unter denen man gelitten hat, etwas mehr Ordnung bringen können.
Kämmt man seine → Haare und bleiben von diesen viel am Kamm oder an der Bürste hängen, so soll dies eine Warnung vor wirtschaftlichen Rückschlägen sein. Man soll dann im Handel oder im Spiel möglichst wenig Geld wagen, weil die Möglichkeit groß ist, daß man es völlig verliert.
→ Spiegel

Kanonen
Die Artillerie war seit jeher der Ausdruck von kriegerischer Stärke und Macht. Im Traum bedeutet ihr Anblick bezeichnenderweise, daß man in dem

Unterfangen, mit dem man gerade beschäftigt ist, seine ganze Kraft wagen sollte, dann mag der Erfolg, oder besser gesagt der Sieg, sicher sein.

Karren
Zieht man einen schweren Karren, dann wird man nur weiterkommen, wenn man für andere Menschen eine an sich nicht gerade einträgliche Arbeit zur allgemeinen Zufriedenheit zu Ende bringt.
→ Wagen

Karten
Spielt jemand im Traum mit Karten, so bedeutet dies ärgerliche Rechnerei um das liebe → Geld. Geht aber jemand im Traum zu einem → Wahrsager, um sich mit Hilfe von Karten die Zukunft verkünden zu lassen,

dann bedeutet dies das Warten auf einen entscheidenden Rat.
→ Würfel

Kastration
Die Kastration und ähnliche erschreckende Gesichte im Traum warnen vor Gefühlen der Mutlosigkeit: »Gibt man sich nicht selber auf, wird es schon bald aufwärts gehen.«
→ Geschlechtskrankheit

Katze
Die Katze im Traum weist auf Ruhe und Frieden im Hause. Kommt eine Katze auf den Träumer zu und will ihn liebkosen, so bedeutet dies die glückliche Aufnahme eines neuen Menschen in seinen Familien- oder Freundeskreis. Ist die Katze schwarz, so wird man demnächst von einer Schwierigkeit auf dem Lebensweg befreit. Wird man von einer Katze gekratzt oder gebissen, so kann dies Verrat oder Verleumdung in seiner unmittelbaren Umgebung bedeuten.
→ Hund
→ Raubtiere

Keller
Eine Verschlechterung der Verhältnisse des eigenen Haushalts kann möglich sein. Ist der Keller aber voll von guten Vorräten, namentlich auch von → Weinflaschen, so ist es möglich, künftigen Schwierigkeiten durch Sparsamkeit und Vorsicht vorzubeugen.
→ Höhle
→ Kerker

Kerker
Sich in einem Kerker befinden, bedeutet nicht genau das gleiche, wie in einem heute mehr oder weniger üblichen → Gefängnis: Ein Kerker erscheint im Traum ausgesprochen urtümlich, wie sie etwa in den alten Räuber- und Ritterromanen

geschildert werden. Man ist etwa in einem tiefen Verlies, gefügt aus mächtigen und feuchten Steinquadern, oben sind rostige Metallstäbe, man befindet sich in entsprechenden → Ketten, → Spinnen und → Ratten huschen in den Ecken umher usw.
Ein Kerker bedeutet vor allem, daß sich der Träumer von altüberlieferten Vorurteilen lösen sollte, die ihm sein Leben unnötig erschweren.
→ Gitter
→ Käfig
→ Verhaftung

Kerze
Sieht man in seinem Haus eine Kerze ruhig und klar brennen, weist dies auf Frieden daheim und auf die Möglichkeit, seinen Wohlstand im kommenden Jahr zu mehren. Sehen Kranke eine solche Kerze, dann betrachten sie es als die Zusicherung einer baldigen Gesundheit.
Sieht man eine Kerze im Haus eines andern brennen, selbstverständlich ebenfalls ruhig und klar, dann ist dessen Glück zuverlässig, und, wie die Deuter versichern, »es ist gut, ihn zum Freund zu haben und sich mit ihm zu verbünden«.
Flackert aber die Kerze oder verlöscht sie gar, dann ist es eine Mahnung, seine Lebenskräfte besser zu schonen. Man kann in diesem Fall in den nächsten Tagen, namentlich wenn man unvorsichtig ist, sehr leicht erkranken.
→ Feuer
→ Lampe

Kessel
Sieht man einen Kessel auf dem Feuer (→ Herd) stehen, sehen einige hier eine Mahnung, mehr auf den Bauch und die inneren Organe der Verdauung zu achten.
→ Küche

Kette
Trägt man Ketten, so ist man durch die Zeitumstände oder den Zank in der eigenen Familie behindert, seine Fähigkeiten voll einzusetzen.
→ Halskette
→ Kerker

Kinder
Der Anblick von Kindern bedeutet gewöhnlich Freude. Sieht man sie zusammen mit mannig-

faltigem → Spielzeug, kann man demnächst unter verschiedenen Möglichkeiten, sei es in seinen Beziehungen oder in Geschäften, wählen.

Kirche
Unerwartete Hilfe.
→ Heilige
→ Waldbruder

Kleefeld
Betritt man ein grünes Kleefeld, dann wird man bald die nützliche Bekanntschaft mit großzügigen und reichen Menschen machen können. Die Begegnung ist besonders glücklich, wenn man dazu noch im Traum ein vierblättriges Kleeblatt findet.
→ Wiese

Kleider
Je schöner, geschmackvoller die Kleider sind, die man im Traum trägt, um so vorzüglicher wird die äußere Stellung, also der Erfolg sein, den man erringt. Schmutzige, zerrissene oder staubige Tracht bedeutet hier das Gegenteil, also Mißerfolg und gesellschaftlichen Abstieg.
→ Auskleiden
→ Hemd
→ Nacktheit
→ Samt

Knochen
Knochen, Gebeine, Gerippe warnen vor Verlusten, die so schlimm sein könnten, daß man sozusagen wieder beim Nullpunkt anfangen muß.
→ Asche
→ Beerdigung
→ Friedhof

König
Einen König oder eine Königin sehen (oder selbst einer oder eine sein!) bedeutet die Aufforderung zum ehrenhaften (ehrlichen) Handeln – »auf weite Sicht bringt gerade dies eine günstige

Stellung in der Gemeinschaft, die dem Träumer für sein Vorwärtskommen wichtig ist«.
→ Fürst
→ Thron

Koffer
Eine kurze Reise steht unmittelbar bevor. Wirkt der Koffer alt und stark abgewetzt, wie von vielfältigem Gebrauch, dann wird diese Fahrt gewisse Erfahrungen der früheren Jahre auf-

frischen und bestätigen – man trifft zum Beispiel Menschen, mit denen schon früher eine Beziehung bestand.
→ Bahnhof
→ Eisenbahn

Komet
Sieht man Kometen oder »Schwanzsterne« am → Himmel erscheinen, so erklärt man dies häufig durch kommende Geldentwertungen.
→ Meteor
→ Vulkan

Korb
Ein leerer Korb ist die Warnung vor der eigenen Unentschlossenheit. Ist der Korb voll Blumen, dann ist man noch immer fähig und bereit, viel Liebe zu geben und zu erhalten. Ist der Korb voll Gemüse, so hat man bald Einfälle, die für das eigene Leben von großem wirtschaftlichen Nutzen sein können.

Korbmacher
Begegnet man im Traum einem Korbmacher (Korber), diesem Vertreter eines früher sehr wichtigen »fahrenden« Berufs, so erhält man von einem Fremden eine gute Anregung, die man bedenken, überlegen sollte.

Korn
Sieht man sich im Traum Korn schneiden, bedeutet dies nach den Deutern die baldige Erfüllung eines alten Wunsches.

Kot
Verrichtet einer seine Notdurft an einem falschen Platz, so deutet dies häufig auf einen Ärger. Tut er dies aber an dem dafür bestimmten Ort oder in der abgelegenen Natur, wo es niemandem schaden kann, so bedeutet dies eine Zunahme der Gesundheit und eine günstige Wandlung in den Angelegenheiten des Besitzes.

Krähe
Krähen galten als Vorboten der harten herbstlichen Zeit. Im Traum gelten sie darum als ein Zeichen, daß die Tätigkeit, an der man gerade ist, für Monate wenig Nutzen bringen kann.
→ Rabe

Kräuter
Sieht man im Traum Kräuter, besonders solche, die man aus der Heilkunde oder der Küchenwissenschaft kennt, dann kann man allerlei Nutzen erwarten.
Sammelt man Kräuter, namentlich auf einer blühenden → Wiese, so muß man etwas für die eigene Gesundheit tun. Macht man es rechtzeitig, so wird man einer möglichen Erkrankung vorbeugen.

Kräutersammler
Menschen, die mit Kräutern zu tun haben, bedeuten im Traume eine Warnung. Dabei ist es selbstverständlich gleichgültig,

ob es sich um eine Kräuterfrau (Kräuterhexe), einen Kräutersammler oder einen Kräuterarzt in seiner Hütte im → Wald handelt.
Man soll sich eine Sache, die man unternehmen will, reiflich überlegen und sich gut vorbereiten. Man muß auch alles tun, daß man im kommenden Monat bei sehr guter Gesundheit ist – man wird sie brauchen.
→ Arzt
→ Hexe

Kranich
Der Kranich soll, ganz ähnlich wie der → Storch, die Gründung einer Familie oder Kindersegen bedeuten.
→ Vogel

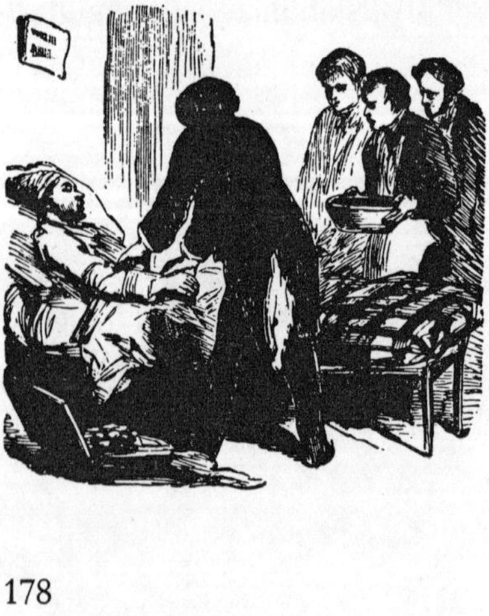

Krankheit
Sieht man sich im Traum krank darniederliegen, so sehen darin die Deuter häufig eine Aufforderung, mit einer Zeit des Leerlaufs und des Müßigganges aufzuhören und »endlich wieder in die Hosen zu steigen, aufzustehen und nach dem Rechten zu schauen«.
→ Geschlechtskrankheiten
→ Spital

Kranz
Der Kranz, dies im Sinn eines Schmucks mit → Blumen, um den eigenen Kopf, um das eigene Haus oder einen → Wagen gewunden, bedeutet Eheglück. Welke Kränze deuten entsprechend auf das Gegenteil

davon, auf Ärger in der Familie oder eine ärgerliche Scheidung. Trägt man einen Kranz von → Blumen auf seinem Kopf, ähn-

lich auch von → Eichenlaub oder → Lorbeer, wird man sich möglicherweise in einem wichtigen Fall durchsetzen können oder recht bekommen. Etwas andere Bedeutung haben nach den Deutern Blumenkränze, die von einer Beerdigung oder von einem Friedhof stammen.
→ Totenkranz.

Krebs
Bedeutet Rückgang in den eigenen Geschäften, die Mahnung, sich entsprechend den Zeitumständen anzugleichen. Tut man dies, so wird aus dem scheinbaren Unglück guter Erfolg entstehen.
Bei den Krebsen hat es seit jeher die Deuter beeindruckt, daß sie stets in Gemeinschaften leben. Krebse sehen, bedeutet darum die eher erfreuliche Verbindung mit andern Menschen.

Krieg
Eine Zeit von Zank steht bevor. Wenn die kriegerische Landschaft in rötliches Licht getaucht ist, die → Farbe des Planeten Mars, dann können nach einigen Deutern auch dem Land, in dem man wohnt, unruhige Zeiten bevorstehen.
→ Bogen
→ Gewehr
→ Offizier
→ Rüstung
→ Schild
→ Schwert
→ Soldat

Kriegsschiff
Der Träumer steht bald vor einer gefährlichen Entscheidung. Es braucht viel kämpferischen Willen und einige Abenteuerlust auf noch unsicherem Gebiet, um sie zu treffen.
→ Meer
→ Schiff

Kröte
Die Kröte gilt als weibliches Tier. Gerade den → Hexen, auch zauberkundigen → Hebammen und Kräuterfrauen, wurde die Kunst zugeschrieben, sich in Kröten verwandeln zu können. Eine Kröte im Traum bedeutet die Gefahr des Ärgers mit Frauenkrankheiten in der Familie, die aber mit etwas Vernunft vermieden werden können. Sind solche bereits ausgebrochen, dann deutet das

gleiche Bild auf die Aussicht auf eine baldige Heilung. Dies besonders, wenn sich die Kröte mit → Kräutern ernährt oder sich in einem fließenden Wasser befindet.
→ Frosch

Kuchen
Bäckt oder verspeist man Kuchen, dann wird man schon bald zahlreiche Gäste erhalten.

Kuckuck-Ruf
Hört man diesen → Vogel rufen, besonders aus einem grünen → Wald heraus, so deutet man dies immer auf die lange Lebensdauer, die dem Träumer noch geschenkt ist.

Küche
Vermehrte Achtsamkeit auf die Gesundheit des Körpers, also auf Essen und Trinken, ist dringend notwendig.
→ Herd

Küsse
Tauscht man Küsse aus, so wird man sich demnächst nach einem ziemlich maßlosen Zank gut und zuverlässig aussöhnen können.
→ Lieben

Kürbis
Der Kürbis ist groß und saftig, freilich aber von nicht gerade sehr großem Nährgehalt. Aus diesem Grund bedeuten solche Früchte oder → Melonen im Traum, unabhängig ob man sie in seinem → Garten sieht oder verspeist, die Warnung vor übertriebenen Hoffnungen.

Kuh

Eine Kuh gilt als Schenkerin von Glück und Fruchtbarkeit. Im Traum gilt sie (genau wie ihre → Milch) fast in jedem Fall als ein erfreuliches Sinnbild, höchstens dann nicht, wenn man sie geschlachtet oder von Raubtieren zerrissen sieht; dann bedeutet ihr toter Leib das Ende eines glücklichen Zustands, den man bisher genießen durfte.

→ Hirt
→ Stier
→ Wiese (Weide)

Kupfer

Kupfer ist nach der uralten Astrologie der Zigeuner stets mit dem Stern der Liebe, → Venus, im Zusammenhang. Darum ist das Sehen von Kupferschmuck (gleichgültig ob es sich um → Armringe, → Halsketten oder → Fußschmuck handelt) in Liebesdingen glückverheißend.

→ Blei
→ Gold
→ Schmied
→ Silber
→ Zinn

L

Lachen
Sieht man sich selbst lachen, so kann man sehr bald traurige Umstände erfahren: Man kann schon bald und dank einiger Unvorsichtigkeit einiges Leid erleben.
→ Fröhlichkeit

Laden
Wenn man einen Laden betritt, bedeutet dies die baldige Möglichkeit zu einem sehr günstigen Kauf.
→ Händler

Lagerfeuer
Je heller ein Lagerfeuer in der Dunkelheit brennt, je mehr Leute um dieses herum sitzen, je freundlicher sie den Träumer in ihren Kreis einladen, um so mehr hat er von Freundesdiensten zu erwarten. Besonders wenn er dabei zum Mitessen aus dem Kessel über den Flammen eingeladen wird oder vom Trank aus der Flasche erhält, die in der Runde am Lagerfeuer im Kreis herumgereicht wird.
Ist das Feuer dagegen im Verlöschen, ist es von stinkendem Raum umgeben, beklagen sich die Leute am Lagerfeuer, daß das Holz ausgeht, schlafen sie

oder sind sie dem Träumer gegenüber abweisend, dann ist er in der Gefahr, bald bisherige Freunde einzubüßen.
→ Feuer

Lampe
Sieht man eine Lampe hell aufleuchten, verheißt dies eine günstige Wendung der Dinge. Verlöscht aber eine Lampe, so soll man von einem unvorsichtig begonnenen Unternehmen ablassen.
→ Kerze
→ Ofen

Lanze
Auseinandersetzungen nahen. Man muß dazu durch sicheres Auftreten und durch das Wissen, wie man sich verteidigen kann, gut vorbereitet sein.
→ Krieg
→ Rüstung
→ Schild

Laub
Sieht man, genau wie im → Herbst, Blätter an den → Bäumen welk werden und zu Boden sinken, soll dies auf ein allgemeines Nachlassen von Mut, Lebenslust und damit der Körperkräfte hindeuten. Die alten Deuter sahen in solchen Träumen eine deutliche Warnung, von nun an alles zu tun, um eine erfreuliche Einstellung zu seinem Dasein wiederzugewinnen. »Beachtet man einen entsprechenden Hinweis seines Schutzgeistes nicht«, pflegten sie etwa zu lehren, »dankt man Gott nicht mehr für das Geschenk seines Leben, so wird man durch seine trüben Stimmungen bald Krankheit und Unglück jeder Art anziehen.«

Laus
Wird man von Läusen beunruhigt, so bedeutet dies die Notwendigkeit, sich vor kleinen wertlosen Ausgaben zu hüten. Man läßt sich offenbar zu viel mit kleinen Gaunern ein. Sind die Verluste auch einzeln nicht groß, so verliert man doch, zusammengezählt, viel Geld und besonders Zeit, die man besser verwenden könnte.
Eine Ansteckung mit Läusen gilt erstaunlicherweise als ein erfreuliches Zeichen. Man deutet dieses Traumbild auf einen baldigen Gewinn des materiellen Überflusses. (Die Läuse sollen niedrige Neider bedeuten, die

nach dem überraschenden Erfolg des Träumers auch etwas von seinem Gewinn mitbekommen möchten...)
→ Floh
→ Ungeziefer
→ Wanze

Lebkuchen
Ißt man einen Lebkuchen oder anderes Festgebäck, so kann dies Erfolg oder Gewinn bedeuten.
→ Naschwerk
→ Zucker

Lehm
Sieht man nassen Lehm auf dem Boden oder an seinen Schuhen kleben, dann wird die eigene Beweglichkeit in den kommenden Tagen behindert sein. Man muß also für eine Arbeit, die man sich vorgenommen hat, etwas mehr Zeit als gewöhnlich berechnen.
Lehm, besonders dann wenn man ihn am Rand eines → Baches erblickt, deutet auch darauf, daß man bei seinem Vorhaben durch hartnäckigen Widerstand behindert werden kann.

Leiter
Besteigt man im Traum eine Leiter, dann kommt man demnächst in ein »höheres Stockwerk« der Gesellschaft. Stürzt man dagegen von einer Leiter herunter, besonders weil einige ihrer Holztritte brüchig sind, dann muß man seine nächsten Schritte im Leben besonders sorgfältig überlegen.
→ Schornsteinfeger
→ Treppe

Leuchtkäfer
Leuchtkäfer (Glühwürmchen), die in der → Nacht aufleuchten und verschwinden, bedeuten nach den Traumdeutern die Warnung, lockenden Illusionen, vor allem in Liebesdingen, nachzugeben und damit nur Energie und Zeit zu verlieren.
→ Irrlicht
→ Stern

Licht
Eine gute Idee von einem nahen Menschen kann alles günstig verändern.
→ Hell
→ Morgenröte
→ Sonne

Lieben

Lieben im Traum gilt gewöhnlich als glückbringend, namentlich wenn es in jeder Beziehung mit freudigen Gefühlen verbunden ist. Liebt man dabei den Menschen, mit dem man auch im Wachen in Liebesverbindung steht, dann ist die gegenseitige Zuneigung noch im Wachsen begriffen. Liebt man aber im Traum jemand andern, so wird die wirkliche Beziehung künftig eine schwere Prüfung zu bestehen haben.

→ Kuß

Löffel

Muß man einen Löffel, vor allem einen aus → Silber, vom Boden aufheben, bedeutet dies einen baldigen weiblichen Besuch. Hält man dagegen einen Löffel in der Hand oder bekommt ihn geschenkt, dann soll dies die Bitte einer Frau bedeuten, sie zu besuchen.

→ Gabel
→ Messer
→ Tasse
→ Teller

Löwe

Ein wilder Löwe ist die Warnung vor dem Zorn von mächtigen Menschen, gelegentlich sogar von unmittelbaren Vorgesetzten. Erweist sich aber das Tier als freundlich und zahm, dann wird man sich mit den Herrschenden im Land, in dem man sich gerade befindet, mei-

stens ausgezeichnet verstehen können.

Lorbeer
Diese Pflanze, im Traum gesehen, bringt die Botschaft, daß einem eine ruhige und befriedigende Zeit bevorsteht. Besonders ein → Kranz aus Lorbeer verkündet baldige und auch in jeder Beziehung verdiente Anerkennung.

Lügen
Lügt man im Traume, so ist dies eine Warnung, demnächst in einer unangenehmen Angelegenheit unüberlegt zu reden. Es ist leicht möglich, daß man sich sonst durch die eigene Geschwätzigkeit gefährdet und sogar Mitmenschen in schädlichen Verdacht bringt.

Luftballon
Durch seine Phantasie wird der Träumer in bunte und schwer berechenbare Abenteuer gebracht, die manchmal sogar durch Gefahren führen. In der Regel wird er aber nicht ohne den Gewinn von vielen Erfahrungen wieder auf den festen Boden kommen (Flüge, zumindest wenn sie ohne zu starke Angstzustände stattfinden, werden nun einmal von den Deutern als eher günstige Vorzeichen begriffen).

Luftschiff
In den Träumen erscheinen noch heute, sogar bei Städtern, sehr häufig nicht etwa moderne Flugzeuge, sondern »magische« Flugschiffe, etwa → Wagen mit Flügeln, von → Vögeln oder geflügelten → Rossen gezogen, usw.
Der Traum gilt gelegentlich als Mahnung, bei seinen Unternehmungen alle seine Angehörigen zu beteiligen; dies kann Erfolg, die spielende Überwindung von Hindernissen bringen.
→ Fliegen
→ Flügel

Lumpen
Ist das eigene → Kleid zu Lumpen zerrisen, kann man große Verluste erleiden.

Lumpensammler
Sieht man sich als Lumpensammler, dann wird man sich bald über einen Gewinn freuen können.
→ Bettler
→ Trödler

Mahlzeit
Ißt man an einem Tisch allein, so ist es eine Mahnung, in den nächsten Tagen nicht zu geizig zu sein - Großzügigkeit am richtigen Ort wird sich bezahlt machen! Eine Mahlzeit mit viel Volk, namentlich mit → Wein und → Schweinefleisch, verweist auf Gelegenheit zu einem → Fest. Sieht man am Tisch Feinde, so besteht eine Möglichkeit, sich mit ihnen auszusöhnen, sie sogar als gute Freunde zu gewinnen.
→ Lagerfeuer
→ Teller

Mann
Ein Mann im Traume verweist fast in allen Fällen, zumindest wenn er ganz fremd erscheint, auf eine neue Auseinandersetzung, »bei der man seine Standhaftigkeit beweisen muß«.
→ Alter Mann
→ Greis

Maschinen
Sieht man im Traum viele Maschinen, so erklärt man dies vielfach durch die Angst des Schlafenden, in einer ihm unverständlichen Umgebung zu leben oder die lebendige Beziehung

zur Natur und den Menschen zu verlieren.
→ Dürre
→ Wüste

Maske
Trägst du im Traum selbst eine Maske, so bist du gegen Angehörige nicht ganz ehrlich, was zum selbstverschuldeten Vertrauensbruch führen kann. Siehst du andere Menschen maskiert, wobei du nicht erkennen kannst, wer hinter den Verhüllungen steckt, so kannst du selbst verraten werden.

Maultier
Während der → Esel allgemein als gutes Vorzeichen gilt, bedeutet der Maulesel, das Maultier, eher unerfreuliche Zustände. Dieser Gedanke entstand den Deutern aus der Tatsache, daß dieses Geschöpf unfruchtbar ist. Sieht man also im Traum einen Maulesel, dann kann die Arbeit, an der man gerade ist, keine Früchte tragen, also an ihrem Ende ein in jeder Beziehung unbefriedigendes Gefühl hinterlassen.
→ Reiten
→ Roß

Maulwurf
Gefahren oder Schwierigkeiten sind im Anmarsch: »Man muß sich in den kommenden Tagen sozusagen in die Erde verkriechen, sich still verhalten, nicht besonders auffallen - dann wird man viel Ärger vermeiden.« Wenn man ein ganzes→ Feld von Maulwurfshügeln bedeckt sieht, sehen es die Traumdeuter sehr häufig als Gefahren oder wachsende Schwierigkeiten für ein ganzes Land, zum Beispiel→ Kriegsdrohung.
Das Bild des Maulwurfs wird auch als Hinweis auf die Notwendigkeit der Verschwiegenheit angesehen.
→ Fledermaus

Maus
Die Mäuse bedeuten fast immer eine Zeit, in der man Mangel leiden wird.
→ Falle
→ Ratte

Meer
Im Gegensatz zum→ See, der Glück bedeutet, bedeutet die endlose See, das Meer, das Eintreten von unberechenbaren, chaotischen Zuständen für den Träumer.
Das Ende einer allgemeinen Unsicherheit, in der man sich bisher befand, steht dagegen bevor, wenn man (nach langem→ Schwimmen oder mit einem→ Schiff) aus dem Meer kommt und das feste → Ufer betritt.

Meerschweinchen
Glück, das aus der Ferne (»vom Meer her oder übers Meer«) kommt.
→ Eber
→ Schwein

Melone
Melonen bedeuten (ähnlich wie→ Kürbisse) die Warnung vor übertriebenen Hoffnungen auf einen baldigen Nutzen oder Gewinn.

Meteore
Fallen scheinbar Sterne vom Himmel, so erklärte man dies als Sturz wichtiger Personen, Staatsführer, Könige, Präsidenten. Daraus sollte im Land einige Unordnung und wachsende Ungewißheit entstehen: »Jeder einzelne sollte bei solchen Vorfällen darauf achten, daß er nicht zu Schaden kommt.«
→ Himmelsfeuer

Messer
Muß man im Traum ein Messer vom Boden aufheben, bedeutet dies einen baldigen männlichen Besuch. Hält man dagegen ein Messer in der Hand oder be-

kommt ein solches geschenkt, dann wird man schon bald die Bitte eines Mannes vernehmen, ihn in seinem Haus zu besuchen.
→ Gabel
→ Löffel
→ Teller

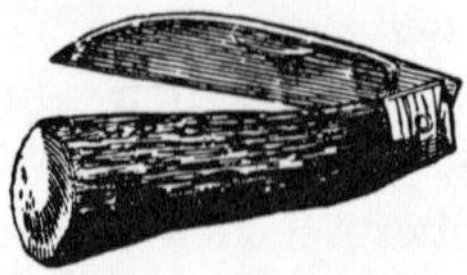

Metzger
Eine männliche Bekanntschaft, die mit einer Gefahr für die Zukunft verbunden sein kann. Sieht man einen Metzger bei seiner blutigen Arbeit, dann bedeutet dies, daß man in eine nutzlose und sogar schädliche Gesellschaft hineingezogen werden kann. Werden dabei besonders→ Kühe geschlachtet, so

ist dies eine Warnung davor, daß man dabei - also durch die Gemeinschaft mit nicht sehr wertvollen Menschen - sein Glück verlieren kann.
→ Fleisch

Miete
Ist man im Traum in lästige Mietgeschäfte verwickelt, wobei es gleichgültig ist, ob man eine Wohnung mietet oder vermietet, ist dies eine Warnung vor lästigem Geschäftsbetrieb: Man kommt in ärgerliche Beziehungen zu Mitmenschen, die man leicht vermeiden kann.
→ Haus

Milch
Milch sehen bedeutet (genau wie eine→ Kuh sehen) ein glückliches Ereignis. Trinkt man Milch, kündet es auf eine Zunahme von Körperkraft und Gesundheit. Sieht man ein Milchgefäß, dann weist dies auf eine erfreuliche weibliche Bekanntschaft. Verschüttet man freilich Milch, dann bedeutet dies einen Verlust von Lebenskraft, etwa eine baldige Erkrankung.
→ Hirt

Mistel
Glückliches Vorzeichen zu einer Liebschaft. Mistel auf einem → Baum: eine feste Liebesverbindung, die zum Wachstum der Familie führen wird. Besonders glückhaft gilt diese Pflanze auf einer → Eiche.

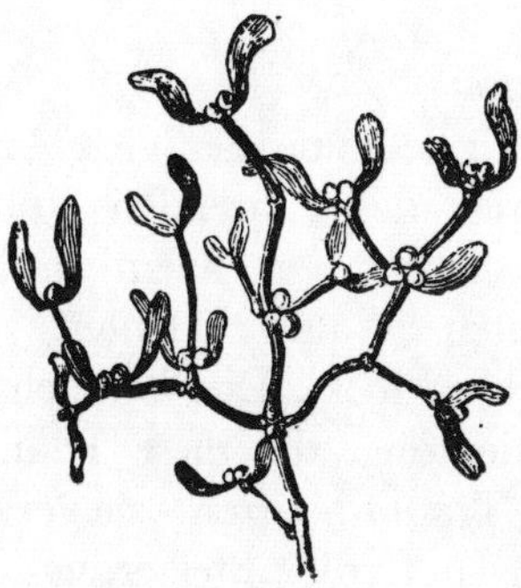

Misthaufen
Reiche Bekanntschaft, die von großem Nutzen ist.

Möbel
Tritt man in eine Wohnung mit Möbeln, so ist man daran, Ordnung in seine inneren und äußeren Verhältnisse zu bringen. Sind die Möbel in einem wilden Durcheinander, das den Träumer in Angst und Hoffnungslosigkeit versetzt, dann soll dies eine innere Unruhe anzeigen. Ist die Wohnung leer und ist man erst daran, sie mit Hilfe neuer Möbel wohnlich einzurichten, dann beginnt bald ein neuer Lebensabschnitt, der es ermöglicht, vieles in sich und um sich anders - und wenn möglich besser - einzurichten.

Mohn
Man muß in der nahen Zukunft besonders wachsam sein, sich von niemand einschläfern lassen (der Mohn ist nun einmal die Pflanze, aus der gefährliche Schlafmittel gewonnen werden). → Kräuter

Mond
Der Mond hat in den Träumen ungefähr die gleiche Bedeutung wie in der Wirklichkeit, also im noch lebendigen Volksglauben der Landleute und besonders

verschiedener Stämme des Fahrenden Volkes. Sieht man ihn zunehmend, dann nimmt das Glück dessen, der ihn erblickt, zu, besonders wenn er sich vor

ihm verbeugt. Nimmt er ab, geschieht nach den Deutern das Gegenteil. Ist er voll, dann sollte man mit der bestehenden Lage der Dinge zufrieden sein, sie wird sich, zumindest im kommenden Monat (gemeint ist ein Mondmonat, also vier Wochen oder 28 Tage), kaum ändern.
Verhältnismäßig häufig soll der Traum sein, in dem man sich »auf dem Mond« sieht, also meistens in einer phantastischen Landschaft mit → Silberbergen und Silberpflanzen. Dies besitzt die gleiche Bedeutung wie der Anblick eines strahlenden Vollmonds: Der Zustand, in dem man sich befindet, ist fruchtbar und vielversprechend. Man soll im nächsten Monat nichts erzwingen wollen, alles wächst und gedeiht zum allerbesten.
→ Nacht
→ Silber
→ Stern

Moos
Noch heute nennen viele Angehörige des Fahrenden Volkes, die früher vor allem in den weiten Wäldern lebten, das Geld »Moos«. Dies ist auch die Bedeutung, die diese Pflanzen im Traum besitzen - sie verweisen auf die Steigerung des unmittelbaren Einkommens. Wächst das Moos einen → Baum hinauf, wird der Wohlstand der ganzen Familie wachsen.

Mord
Ein Unglück (Unfall) wird durch den Träumer glücklich vermieden.
Ist man im Traum bei einem Mord beteiligt, dann soll man sich in der nächsten Zeit davor hüten, mit List und Tücke vorwärtskommen zu wollen. Sie werden durchkreuzt werden

und also keinen Nutzen, sondern nur Schmach und Spott einbringen.
→ Strafe

Morgenland
Der Besuch von orientalischen Ländern gilt als die Ankündigung von Ereignissen, »die man bisher nur im Märchenland für möglich gehalten hat«.

Morgenrot
Vorgänge, in denen sich der Träumer befindet, werden ihm, wenn er nach einer → Nacht die Morgenröte sieht, schon bald verständlich. Dies macht es ihm möglich, aus eigener Kraft Ordnung in seine häuslichen und beruflichen Verhältnisse zu bringen.
→ Abendröte

Morgenstern
Sieht man im Traum den → Stern des Morgens, die → Venus, dann bringt der kommende Tag ein Liebesglück.

Motten
Schlecht angelegter Besitz kann durch unvorgesehene Umstände rasch schwinden.
→ Ungeziefer

Mühle
Erblickt man in seinem Traum eine Mühle, deren Wasserrad und Flügel sich drehen (ob es sich um eine Wind- oder Wassermühle handelt, spielt selbstverständlich keine Rolle), so soll auch dies auf künftige wirtschaftliche Schwierigkeiten hin-

deuten. Nicht einmal die Beschaffung des Brots, also eines Grundnahrungsmittels, wird künftig eine Selbstverständlichkeit sein, und der Besitz von immer genug Mehl kann dann ein wichtiges Ziel werden.

Mundspülen
Dieses bedeutet (ähnlich wie der Gebrauch der → Zahnbürste), daß man unvorsichtig unrichtige Dinge aussprach, die man möglichst bald im guten Sinne berichtigen sollte.

Murmeltier
In den Alpenländern wird gelegentlich der Traum von diesem Tier als Mahnung zur Wachsamkeit angesehen. (Dies steht selbstverständlich im Zusammenhang mit der bekannten Eigenschaft dieser Bergtiere, sehr vorsichtig zu sein.)

Muschel
Sieht der Träumer eine Muschel, so wird er in einer Angelegenheit, die er vorantreiben möchte, einen langweiligen Stillstand erleben.
Sieht man »schöne« Muscheln (→ Austern), ist dies ein erfreuliches Zeichen. Sind die Muscheln leer, deutet dies auf Verlust.
→ Perle
→ Schnecke

Mutter
Unterstützung durch freundliche Menschen ist sicher.
→ Eltern
→ Frau
→ Vater

Nacht
Die Nacht um den Träumer bedeutet, daß er zur Zeit ohne Hoffnung ist, aus einer schwierigen Lage herauszukommen. Ein gutes Zeichen zur baldigen Überwindung dieses Dunkels ist, wenn man sich in einem → Wagen befindet, der trotz Finsternis sicher weiterfährt; wenn man trotz fehlender Sicht seinen → Weg nicht verliert; wenn man auf einmal ein → Lagerfeuer oder gar die → Morgenröte erblickt. Besonders gut ist es, wenn man ruhig unter einem klaren → Sternenhimmel wandert.
→ Farben
→ Schwarzer Mann

Nachtigall
Sieht oder hört man im Traum diesen Vogel, dann soll dies in der Regel ein Anzeichen zu einer glücklichen Eheverbindung sein, bei der auch das lustvolle Leben, also Spaziergänge in malerischer Umwelt, gemeinsamer Musikgenuß und ähnliche erfreuliche Dinge, eine große Bedeutung besitzen werden.

Nachtmahr
Erlebt der Träumer ein sogenanntes Alpdrücken, eine Last auf sich liegen, die von schweren und schwer beschreibbaren Ängsten begleitet ist, dann kann dies ein Hinweis auf ein kommendes Leiden sein. Einige Deuter sehen darin ein Zeichen, »daß jemand vom andern Ge-

schlecht schlecht vom Träumer (oder der Träumerin) denkt – weil er sich von ihm (oder ihr) hintergangen fühlt«.

Nacktheit

Nacktheit kann im Traum ganz andere Dinge bedeuten, als zum Beispiel das → Auskleiden vor andern Leuten (das auch meistens von dem Gefühl der Scham und Peinlichkeit begleitet ist).
Bewegt man sich ruhig und glücklich nackt durch eine schöne Landschaft, dann bedeutet es, daß man daran ist, die Freude am eigenen Körper zu gewinnen. Mit andern Worten: Man fühlt sich in jeder Beziehung gesund und damit lebens- und unternehmungslustig. Die glückliche Bedeutung eines solchen Traums wird noch wesentlich gesteigert, wenn die Umwelt, durch die man wandert, durch Gestirne (→ Mond, → Sonne, → Stern) beleuchtet wird.

Naschwerk

Süßes Naschwerk, das man genießt, soll eine Sehnsucht nach → Liebe bedeuten. Wenn man träumt, daß man sich damit überißt, dann wird man aus einer Begierde heraus unvorsichtig handeln und dadurch leicht eine Enttäuschung erleben.
→ Lebkuchen
→ Zucker

Nase

Hat man im Traum eine starke Nase, verspricht auch dies wachsenden Lebensgenuß. Eine kleine Nase soll eine Warnung sein, sich zu leicht entmutigen zu lassen und sich schwächlich dem Weltschmerz hinzugeben.

Nebel
Man begegnet Menschen, die mutlos sind. Man darf sich von ihren Stimmungen keinen Augenblick anstecken lassen.
→ Dampf
→ Rauch

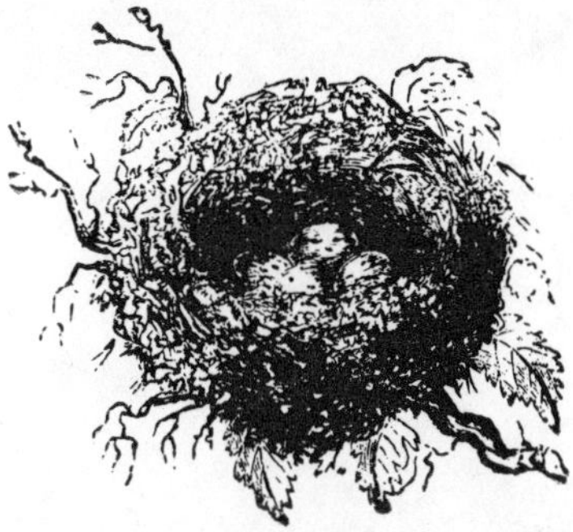

Nest
Sieht man ein Nest mit → Eiern oder jungen → Vögeln, so bedeutet dies Gedeihen in jeder Beziehung. Sieht man dieses Nest auf einem mächtigen → Baum, so wird die ganze eigene Familie von diesem Glück genießen können.
Ist das Nest leer oder ausgeplündert, so hat man eine gute Gelegenheit schlecht genutzt.

Sieht man Vögel ihr Nest bereiten, so ist gute Gelegenheit zur Begründung (oder Ausgestaltung) eines eigenen Hausstands. Sieht man ein Nest zerstört, dann droht dem Wohlergehen der eigenen Familie eine Gefahr.

Netz
Der Traum von einem Netz soll eine ähnliche Warnung enthalten wie etwa der von einem → Seil (Schlinge) oder einer → Falle. Man muß darauf achten, sich mit seinen Aussagen und Handlungen nicht in Widersprüche zu verwickeln.
→ Käfig

O

Obst
Sind die eigenen → Bäume im → Garten voller Früchte, bedeutet dies eine Zukunft in Fülle. Sieht man sich selbst als → Dieb von fremdem Obst, wird man beim Gewinn von seinem Lebensunterhalt eher Schwierigkeiten haben.
→ Apfel
→ Birne

Ofen
Je schöner der Ofen ist, den der Träumer sieht, um so glücklicher sind die Familienverhältnisse, die ihm bevorstehen.
Ist er fleißig mit dem Heizen eines Ofens oder eines → Herds beschäftigt, sollte er, damit ein solches Glück entsteht, noch einiges dazutun. Sieht er aber im Ofen das Feuer ausgehen und entsteht dadurch im Raum empfindliche Winterkälte, so ist der Träumer daran, seine Familie zu zerstören.
→ Haus

Offizier
Sieht man einen solchen, so ist dies eine Aufforderung, mehr

Ordnung in die eigenen Angelegenheiten zu bringen.
→ Soldat

Ohrringe
Sieht man Ohrringe und ähnlichen wertvollen Ohrschmuck, so soll dies auf eine gute Nachricht verweisen. Je wertvoller und künstlerisch vollkommener diese Ringe sind, um so besser mag die Botschaft sein, die man demnächst erhält.
→ Spitzohr

Öl
Öl geht sehr leicht in → Feuer auf; dies deutet auf ein baldiges Ereignis, das die helle Begeisterung des Träumers erzeugen wird. Ißt man dagegen sehr ölige oder fettige Speisen, muß man sich sehr davor hüten, auf Lügen oder Übertreibungen hereinzufallen.

Panther

Das Tier gilt als das wildeste → Raubtier der fernen Länder, und gerade auch die Färbung seines Fells, in Traumphantasien selbstverständlich häufig noch sehr stark übertrieben, gibt ihm ein sehr befremdendes Aussehen. Ein drohender Panther soll darum eine Gefahr von einem völlig unbekannten Menschen, vor allem einem Ausländer, bedeuten. Erweist sich aber der Panther wider alle Erwartung als freundlich, dann ist dies die völlig überraschende Hilfe durch einen Fremden.

→ Löwe

Perle

Die Perle wird von den Traumdeutern geradezu mit einer »versteinerten Träne« verglichen. Findet man in einer → Muschel eine solche, »dann wird man demnächst bekümmert sein«.

→ Auster

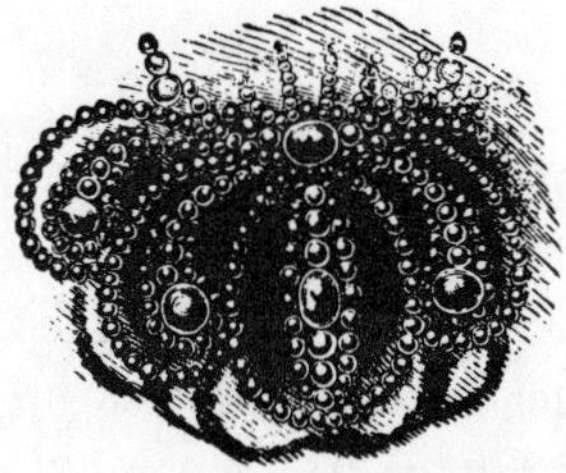

Pfandleiher
Ist man daran, seinen Besitz zu verpfänden, soll dies ein Hinweis auf eine innere Unsicherheit sein. Man glaubt, der Aufgabe, die man sich gerade gestellt hat, nicht voll gewachsen zu sein.
→ Trödler
→ Wucherer

Pfeife
Sieht oder gebraucht man in seinen Träumen eine Pfeife zum Rauchen, bedeutet dies in der Regel die Warnung vor unüberlegten und aufgeregten Handlungen (also vor Handlungen vor denen man höchstens nur »eine Pfeife lang« überlegte ...)
→ Rauchwerk
→ Tabak

Pfau
Man wird eine Anregung bekommen, an die man bisher nicht einmal in seinen kühnsten Phantasien zu denken wagte. Sieht man einen mit Pfauenfedern geschmückten Menschen, so sollte man sich vermehrt mit Freunden abgeben, die künstlerisch veranlagt sind und gute Ideen haben.
→ Thron
→ Vogel

Pfeifen
Durchdringes Pfeifen (von Mensch oder Vogel) soll die Warnung vor einem drohenden Verrat sein: »Man kann von einer Seite, an die man gar nicht denkt, ›verpfiffen‹ werden.«

Pferde
Sieht man → Rosse auf der → Weide, so bedeutet dies eine Zunahme des eigenen Wohlstandes.
→ Reiten

Pflug
Der Traum von einem Pflug bedeutet Fruchtbarkeit in der eigenen Familie. Für das Landvolk ist dieses Sinnbild ein Hinweis auf eine gute → Ernte und guten Zuwachs beim Vieh.
→ Bauer

Pilgerfahrt
Festes Vertrauen auf göttliche Hilfe ist bei den kommenden Unternehmungen notwendig; es wird die seelische Stärke steigern und damit das Durchhalten bis zum Gelingen ermöglichen.
→ Fahrendes Volk
→ Wanderer
→ Weg

Pilze
Auf Pilze waren in den früheren Jahrhunderten vor allem jene Familien angewiesen, die sonst wirtschaftliche Schwierigkeiten hatten. Fleißiges Pilzsammeln im Traum bedeutet, daß man in den kommenden Monaten in jeder Beziehung sparsamer leben muß.
→ Fliegenpilz

Pilzsammler
Die Begegnung mit Pilzsammlern im Wald, namentlich mit einer Pilzsammlerin (in Alpengebieten redet man sehr hübsch

von »Schwämmliwibli« und traut ihnen noch immer viele geheime Künste zu), ist ein sehr wichtiger Hinweis: »Dein Wissen ist in der Angelegenheit, mit der du jetzt beschäftigt bist, noch nicht genügend. Du mußt dich für einen Erfolg mit Menschen mit mehr Erfahrung verbinden.«

Posaune

Mit Posaunen, so lautet noch heute die Erklärung der Traumdeuter, wurde früher zerstreutes Volk zusammengerufen. Hört man im Traum den Klang der Posaune oder sieht sogar den Bläser mit dem Instrument, so heißt das meistens, daß man einer wichtigen guten Anregung folgen sollte. Es kann auch die Mahnung sein, nicht zu fest im Gleichklang des Alltags und im Müßiggang zu versinken. Bläst man die Posaune selbst, so bedeutet dies, daß man sich bei seinem nächsten größeren Unternehmen vorher überlegen muß, auf wessen Hilfe in seiner ganzen Umwelt man dabei vertrauen kann.

→ Trompete

Prüfung

Sieht man sich in einer Prüfung, bedeutet dies, daß man in eine besonders entscheidende Zeit hineinkommt, in der man auf die kluge Benützung all seiner Kräfte achten muß.

Quelle

Eine klare Quelle in blühender Landschaft bedeutet Glück in einer Liebesverbindung. Eine trübe Quelle kündet eine Enttäuschung mit dem andern Geschlecht.

→ Bach
→ Baden
→ Brunnen
→ See
→ Wasser

R

Rabe
Das Gekrächze der Raben erschien den alten Traumdeutern als sehr vielfältig und darum einen geheimen Sinn enthaltend. Der Rabe im Traum bedeutet deshalb eine baldige Nachricht von Nutzen, die man aus Gesprächen erhalten wird, die man zuerst als nebensächlich ansieht.
→ Krähe

Rad
Bewegung des Lebens, das Schicksal, das Glücksrad. Steht das Rad (vielfach die Räder am → Wagen) still, dann wird sich der Zustand des Daseins, in dem man sich gerade befindet, sehr lange nicht verändern. Je rascher sich aber das Rad dreht, desto schneller werden sich schon bald die Ereignisse, deren Held der Träumer ist, jagen.
→ Weg

Räuber
Wird man im Traum ein Opfer von Banditen, dann soll man sich in künftiger Zeit hüten, verrufene Plätze aufzusuchen.

Sieht man sich selbst als einen Räuber, dann hat man wegen einer Tat, die man kürzlich begangen hat, ein schlechtes Gewissen.

Räuberbande

Seltsamerweise enthält auch dieses Bild einen günstigen Gehalt, weil die alten Räuberbanden im Wald häufig im Volk als Menschen galten, »die zusammenhingen wie Pech und Schwefel...« Sieht man sich also im Traum einer ganzen Räuberbande gegenüber, dann ist dies eine Warnung, mit einem Gegner anzubinden, der einen starken und ihm ergebenen Anhang hat. Sieht man sich selbst als Mitglied einer Räuberbande, so bedeutet dies, daß man in künftigen Angelegenheiten seinem Freundeskreis trauen darf.

→ Strafe

Ratsherr

Sieht man sich in einer Ratsversammlung, so kann man leicht in eine berufliche Lage geraten, in der man sich überfordert vorkommt.

Ratten

Sieht man Ratten, die sich voll Gier gütlich tun, dann wird man unerwarteten Verlust am Vermögen erleben. Sieht man aber eine → Katze, besonders eine schwarze, auf der Rattenjagd, so bedeutet dies etwas Gutes: Man wird die Ränke von Übelwollenden glücklich durchkreuzen.

→ Maus

→ Ungeziefer

Raubtiere

Wird man von solchen angegriffen, dann bedeutet dies die Anschläge von Feinden. Flieht man vor ihnen oder wird von ihnen irgendwie verletzt oder an Hab und Gut geschädigt, ist man gegenüber Gegnern unsicher und darum unvorsichtig. Kann man aber im Traum den Raubtieren mannhaft entgegentreten, sie besiegen oder ihrerseits in die Flucht schlagen, dann weist dies auf gutes Glück und den notwendigen Durchhaltewillen in künftigen Auseinandersetzungen.

→ Bär

→ Fuchs

→ Löwe

→ Panther

→ Wolf

Rauch
Im Gegensatz etwa zu → Dampf bedeutet Rauch aus einem Schornstein ein gutes Zeichen: Er kommt schließlich von einem → Herd, → Ofen oder → Lagerfeuer, das warm brennt. Wahrscheinlich darum bedeutet er meistens die Freundschaft mit einer ganzen Familie.
→ Dach
→ Haus

Rauchwerk
Sieht man sich von Rauchwerk umgeben, also zum Beispiel von → Weihrauch, wie man ihn früher bei Gottesdiensten und ähnlichen feierlichen Handlungen gern verbrannte, so soll dies eine Mahnung zur Besinnung sein. Man soll sich vor dem Lärm der Welt zurückziehen und seine Lage ruhig überdenken.
→ Tabak

Reben
Sieht man reife, volle Reben wachsen, so verweisen sie auf erfreuliche Möglichkeiten, die sich dem Träumer bald bieten werden: »Er muß bei einer kommenden Gelegenheit ohne viel Zögern zugreifen, dann wird er schon bald jede Ursache zu einem glücklichen Fest bekommen.«
Sieht man sich selbst beim Pflükken von Trauben, dann wird man im Zustand, in dem man sich gerade befindet, eine Zunahme des Segens erhalten: »Hat man soeben geheiratet, dann verspricht dieser Traum baldigen Kindersegen. Hat man

soeben eine Arbeit begonnen, so wird sie sicher über alle Erwartungen ausgezeichnet gelingen und einen noch höheren Gewinn einbringen – noch größer, als man ihn zu erwarten wagte.«
→ Champagner
→ Wein

Rechtsgelehrter
Sieht der Träumer Juristen, führt er gar mit ihnen lange und anregende Gespräche, so wird er bald in zunehmende Schwierigkeiten verwickelt sein, die ihn vor Gericht führen können.

Regen
Der Traum von Regen verspricht dem, der bei seinem

Unternehmen auszuharren vermag, ein erfreuliches Ergebnis. Ist der Regen aber kalt, vielleicht gar mit nassem → Schnee gemischt, dann wird eine Arbeit kaum jenen Gewinn bringen, den man sich versprach.
→ Herbst
→ Sturm

Regenbogen
Der Regenbogen im Traum bedeutet immer Veränderung. Sind dessen → Farben besonders leuchtend und die Stimmung, in der man ihn schaut, besonders glückhaft, dann ist die Veränderung sicher zum Guten. Im andern Fall kann es auch die Ankündung einer Verschlechterung der Lage bedeuten.

Regenschirm
Unglück bei einem öffentlichen Auftritt, Geldverlust.
Die Schauspieler besitzen den Aberglauben, daß »wenn jemand einen Schirm in einen Theatersaal mitbringt, die nächste Aufführung ein Reinfall sein wird«. Dies soll auf die Auffassung des Fahrenden Volkes zurückgehen, das früher auf freien Plätzen das Volk mit einfachen Schauspielen zu belustigen suchte. Nahmen die Menschen, die sich diese Darbietungen betrachten wollten, ihre Schirme mit, so war dies unheilverkündend: Der Regen war eben im Anzug, und kam er auch wirklich, so war es mit dem Theater tatsächlich nichts – da das geschätzte Publikum den Spielleuten weglief.
→ Schauspieler
→ Schirm
→ Spielleute
→ Zauberer (Jahrmarkts-Gaukler)
→ Zirkus

Reif
Liegt Reif auf einer → Wiese oder einem → Garten, dann kann eine bedeutende Enttäuschung bevorstehen.
→ Eis
→ Schnee
→ Winter

Reis
Reis galt lange als Armenspeise. Er weist darum meistens darauf hin, daß man sich mit einem bescheidenen Auskommen begnügen muß.

Reise
Bereitet man sich auf eine Reise vor, dann kommt bald eine wichtige Wandlung in den eigenen Verhältnissen.
→ Eisenbahn
→ Wandern
→ Weg

Reiten
Reitet man auf seinem → Roß frohgemut in ein → Dorf, eine → Stadt oder gar ein Schloß ein, dann bedeutet dies einen Erfolg; einen Kranken, der gerade darniederliegt, weist ein solcher Traum auf rasche Gesundung.

Aus einer Stadt oder einem Dorf hinausreiten soll dagegen, namentlich, wenn diese Tat von eher trüben Gefühlen begleitet wird, eine Verschlimmerung der eigenen Lage bedeuten.

Auf einem Roß reiten, besonders, wenn es schmuck gesattelt und gezäumt ist, bedeutet einen erfreulichen Fortgang der Geschäfte und der Unternehmungen, vor allem in Liebesdingen.
→ Roß
→ Wagen

Ringen

Ringt man im Traum mit einem starken Mann, den man gar nicht näher kennt, so verrät dies, nach vielen Traumdeutern, einen Zustand der seelischen

und körperlichen Schwächung, in dem man sich gerade befindet. Ein solches Bild kann also eine baldige Erkrankung andeuten.

Ringt man mit einem Angehörigen, so soll dies auf Spannungen in der eigenen Sippe hinweisen.

Rosen

Rosen weisen immer auf Liebesdinge. Je mehr → Dornen sie aber haben, um so mehr Schwierigkeiten wird man bis zur glücklichen Erfüllung seiner Wünsche begegnen. Rote Rosen bedeuten seelisches und körperliches Liebesglück.

Welke Rosen warnen vor einer abnehmenden Zuneigung. Rosenknospen verweisen darauf, daß man vorsichtig sein muß — die Neigung des oder der Gelieb-

ten sind noch nicht beständig. Weiße Rosen zeigen auf Treue, gelbe Rosen verraten die Eifersucht als Haupthindernis.
→ Blume
→ Gartenhaus

Rosenkranz
Der Rosenkranz warnt davor, gerade in der Gegenwart keine Geduld und Zuversicht zu haben: »Alles, was man gerade erlebt, vollzieht sich gesetzmäßig, aber alle Dinge auf Erden brauchen eben Zeit.«
→ Kranz

Roß
Reitet man auf einem stolzen Roß, dann soll dies vor allem auf eine glückliche Liebesverbindung deuten, die für das ganze weitere Leben nützt und den Träumer künftig weiterbringt. Je schöner, stolzer, reicher verziert das Pferd ist, um so erfreulicher soll Aussehen, geistiger oder materieller Besitz des Menschen sein, den man schon bald gewinnen wird.
→ Reiten
→ Sattel
→ Schmied
→ Sporen

Rot
Ist die Traumlandschaft in die → Farbe Rot getaucht, kündet diese eine Zeit vermehrter Leidenschaften.
→ Blut
→ Abendröte
→ Morgenröte

Rüstung
Trägt man im Traum eine Rüstung (Panzer, Kettenhemd, Gewand von dickem Leder), dann muß man irgendwelche Belästigungen und Schmähungen nicht zu schwer nehmen; sie werden nichts zu schaden vermögen.
→ Gewehr
→ Schild

Ruß
Sieht man Gegenstände von schwarzem Ruß bedeckt, ist dies ein Hinweis darauf, daß man reicher ist, als man es im Augenblick weiß. Man soll sich nur einmal genau überlegen, was man alles in seinem Umkreis besitzt – man wird staunen!
→ Asche
→ Herd
→ Ofen
→ Schornsteinfeger

Ruine
Der Träumer ist noch voll Trauer über Möglichkeiten der Vergangenheit, die er unwiederbringlich verloren glaubt: Hie und da ist es das Glück einer zerschlagenen Ehe, meistens (sehr häufig in unserem Jahrhundert der geistigen, politischen, militärischen und wirtschaftlichen Umwälzungen) die hohe Stellung der eigenen Familie, die durch das Drehen des Glücksrads verloren ging...
Besonders als ein schlimmes Vorzeichen, also der Verlust eines günstigen Zustands der Familie, gilt der Traum, in dem ein schönes → Haus oder → Schloß in Trümmer sinkt. Setzen sich aber die Ruinen wie durch Magie wieder zu einem stolzen Bauwerk zusammen,

dann kommt das einstige Ansehen der Sippe von neuem zum Träumer zurück.
Eine ähnliche Bedeutung soll es haben, wenn nicht nur eine Behausung, sondern eine ganze → Stadt in Trümmer sinkt. Dann deuten es verschiedene Wahrsager als eine Ahnung auf mächtige Umwälzungen, die dem ganzen Staat drohen, in dem der Träumer wohnt. Verwandelt sich aber hier das weite Trümmerfeld in eine blühende Menschensiedlung, dann ist dem eigenen Land eine Zeit des Gedeihens beschieden.

S

Samt
Sieht man → Möbel oder auch eine ganze Wohnung im Haus mit Samt bedeckt, so steht in der Zukunft ein Dasein in Wohlstand bevor, ein unerwarteter Gewinn oder eine Erbschaft ist in unmittelbarer Zukunft möglich. Ist der schöne Stoff, der die Gegenstände ziert, alt, verschossen, zerrissen, so bedeutet dies das Gegenteil des Gesagten: Ein Verlust, eine Verarmung droht. Eine Frau in Samtkleidern kann auf eine bevorstehende zuverlässige und dauerhafte Freundschaft weisen. Ist der Träumer ein Mann, so deutet der Anblick einer solchen Dame sehr häufig auf eine feste, in jeder Beziehung beglückende und auch zu wirtschaftlichem Glück führende Eheverbindung.

Sarg
Sieht man sich selbst in einem Sarg (besonders günstig ist ein Holzsarg!) kommt ein unerwarteter Glücksfall.
→ Beerdigung
→ Friedhof
→ Grab
→ Tod

Sattel
Findet man einen Sattel oder befestigt man ihn auf dem Rükken eines → Rosses, so ist dies der Ausdruck des Wunsches nach mehr Sicherheit. Man muß sich hüten, etwas zu unternehmen, wozu man nicht mit guter Erfahrung oder durch die Zusicherung der Hilfe von der Seite treuer Helfer einige notwendige Vorbereitung besitzt.

Schaf

Weiße Schafe sollen dem ganzen Traum, den man hat, eine günstige Bedeutung geben – schwarze Schafe aber das Gegenteil davon. Sieht man sich als → Hirt einer Schafherde, dann besteht die Aussicht, daß man die vermehrte Fähigkeit zum guten Überblick seiner Angelegenheiten erhält: Auch der Gewinn eines höheren Amtes, bei dem man über eine größere Anzahl von Untergebenen die Verantwortung trägt, ist durch ein solches Bild möglich.

→ Widder
→ Wolf

Schatz

Hebt man aus dem Erdboden einen Schatz, besonders wenn es sich um Edelmetalle handelt, so wird man endlich wertvolle Nachrichten bekommen.

Gräbt man eine Schatztruhe aus und findet man in ihr nur Unrat, so ist dies eine Warnung, nicht mehr länger leeren Hoffnungen nachzulaufen und für sie viel seiner wertvollen Arbeitskraft zu verschwenden.

→ Bergwerk
→ Ruine

Schaukel

Bewegst du dich auf einer Schaukel, dann wird dir ein Glücksfall zustoßen. Er wird sich auf die ganze Familie beziehen, wenn die Schaukel zwischen zwei → Bäumen (die den männlichen und weiblichen Teil deiner Vorfahren bedeuten sollen) befestigt ist. Schaukelst du zusammen mit einem Vertreter des andern Geschlechts, dann bezieht sich der Glücksfall auf eine Angelegenheit der Liebe. Diese ist besonders erfreulich, wenn die Schaukel mit → Blumen, vor allem mit → Rosen, geschmückt ist.

→ Spielzeug

Schaum
Die Angelegenheit, in der man sich befindet, ist ein Leerlauf. Sie kann dem Träumer bunt und vielversprechend erscheinen wie → Seifenblasen im Sonnenlicht, es ist ihr aber keine Dauer beschieden.

Scheiterhaufen
Träumt jemand, er werde auf einem Scheiterhaufen verbrannt, wie es früher mit Hexen und Ketzern gemacht wurde, dann bedeutet dies das Entflammen in einer starken, oft maßlosen Leidenschaft. Träumt solches einem Kranken, so soll dies eine Besserung seiner Lage bedeuten – der Leib ist eben gerade daran, alle schlechten Gifte zu verbrennen und durch die innere Bluthitze herauszuschwitzen.
→ Feuer
→ Strafe

Schiff
Befindet man sich auf einem Schiff im → Meer, so hat man in der letzten Zeit ein Unternehmen gewagt, das nie das einbringen wird, was man von ihm erhoffte.
Schwimmt man dagegen im Meer und erhält von einem Schiff Hilfe, dann kann man hoffen, in seinen Schwierigkeiten im letzten Augenblick gerettet zu werden.
→ Schwimmen

Schild

Sieht man im Traum einen Schutzschild, so muß man sich demnächst für sein Recht verteidigen; es wird dies von großem Nutzen sein. Trägt der Schild, wie man es auf alten Bildern sieht, ein Familienwappen, dann wird aus dem ganzen Streit die eigene Sippe mit vermehrten Ehren hervorgehen.

→ Bogen
→ Rüstung

Schildkröte

Die Schildkröte soll ein Hinweis darauf sein, daß der Träumer nur langsam und nach allen Seiten abgesichert (gut geschützt) handeln soll. Jede unüberlegte Hast kann ihm jetzt Mißerfolg bringen.

→ Muschel
→ Schnecke

Schirm

Mahnung zur Vorsicht. Trifft man auf seinem → Weg einen Schirmflicker, so soll man einen Warner gut anhören; dies wird von einigem Nutzen sein.

→ Regenschirm

Schlafen

Sieht man sich selbst im Traum fest schlafen, so heißt dies, daß man daran ist, in wichtigen Angelegenheiten einiges zu versäumen und dadurch in wachsende Verluste hineinzukommen.

Schlange

Für Mann oder Frau bedeutet der Anblick einer Schlange eine entscheidende Veränderung im

Leben, die von weiblicher Seite ausgeht.
→ Blindschleiche
→ Wurm

Schlangenbiß
Gebissenwerden durch eine Schlange oder andere Gifttiere (→ Skorpion) bedeutet einen Glücksfall. Es gibt Wahrsager, die bei solchen Träumen die → Farbe des Reptils für besonders wichtig halten, und aus der Farbe auf die Art des Glücks, die dem Träumer bevorsteht, ihre Hinweise zu gewinnen versuchen.

Schlitten
Eine Schlittenfahrt bedeutet die Jagd nach Genüssen, die nur bedingt Befriedigung verschaffen können.
→ Eis
→ Schnee

Schlittschuhlaufen
Bewegung auf »glattem« Boden; also unter Menschen, die Hintergedanken hegen.
→ Eis

Schlüssel
Dieser weist auf die Gelegenheit, eine → Tür öffnen zu können. Man kann also leicht eine wichtige Freundschaft gewinnen.

Schlüsselbund
Sieht man einen ganzen Schlüsselbund, hat man jetzt viele Möglichkeiten, neue Beziehungen knüpfen zu können. Man muß sich im Wachen gut überlegen, welche von ihnen in der Zukunft die wichtigste sein kann, und sie vor allem pflegen.
→ Diebstahl
→ Dietrich
→ Einbrecher

Schmied

Ein sehr starkes Sinnbild, das, wenn es im Traum erscheint, auch ungünstige Vorzeichen in gute umwandeln kann. Es bedeutet, daß man in seinen Grundauffassungen nicht unsicher werden und in ihrem Sinn folgerichtig fortfahren muß.

→ Eisen

→ Hammer

Schminken

Sieht man im Traum geschminkte Gesichter, besonders Menschen, die sich gerade eine Gesichtsbemalung auftragen, so zeigt dies, daß man bald Gelegenheit zu Langweile und Ekel bekommen wird. Man trifft demnächst Menschen, die der Welt etwas vorgaukeln wollen, was sie in Wirklichkeit gar nicht sind.

→ Falten

Schnecke

Sieht man eine Schnecke, so deutet man dies verständlicherweise als die Warnung, bei einer kommenden guten Gelegenheit (auf einem Gebiet, das dem Träumer vor allem wichtig ist) zu langsam zu handeln.

Man muß sich mit endloser Geduld wappnen, da sich die eigenen Angelegenheiten zur Zeit nur unendlich langsam entwikkeln können.

→ Austern

→ Muschel

→ Schildkröte

Schnee
Besonders wenn der Schnee dem Träumer jede Sicht in die Ferne verunmöglicht, muß er sich zwingen, in seinen Unternehmungen große Geduld zu üben. Er muß nun abwarten, bis ein »Winter«, also eine ungünstige Zeit, vorbei geht.
→ Eis
→ Regen
→ Schlittschuhe

Schneider
Kommt man zu einem Schneider, damit dieser am Anzug Veränderungen vornimmt, so bedeutet dies eine Änderung der Stellung des Träumers in der Gesellschaft. Meistens soll dies auf eine Rangerhöhung hindeuten.

Schönheit
Sieht man die Welt um sich und auch die Menschen, denen man begegnet, als besonders schön, dann bedeutet es das Ende von Sorgen.
→ Fröhlichkeit

Schornsteinfeger
Sieht man einen Schornsteinfeger, namentlich mit allen Zeichen seiner nützlichen Tätigkeit behaftet, wie → Besen und → Leiter, dann ist »daheim« alles in Ordnung. Ein solcher Traum wird besonders von Reisenden geschätzt, die keine Nachrichten von ihrer Familie besitzen und sich darum in schweren Sorgen befinden.
→ Herd
→ Ofen
→ Ruß

Schreiber
Sich im Traum als ein Schreiber, heute würde man sicher sagen, ein Büroangesteller, zu sehen, bedeutet eine Zeit von trüber Mühsal. (Wie mir ein Deuter selber verriet, ist diese Deutung des Sinnbilds gerade für das Fahrende Volk sehr bezeichnend, das jede dauernde seßhafte Tätigkeit als eine wahre Strafe ansah.)
→ Buch

Schuhe
Freude, besonders mit dem andern Geschlecht. Wer staubige oder abgetragene Schuhe erblickt oder sie selbst anzieht, muß sich vor Tagen der seelischen und leiblichen Ermüdung fürchten.
→ Stiefel

Schuhladen
Baldige Entscheidung zwischen verschiedenen Möglichkeiten; dies ist sehr häufig mit einem Ortswechsel verbunden.

Schuhmacher
Ein Unternehmen, bei dem man vom Anfang bis zu dessen Abschlusse jede Einzelheit überwachen muß – sonst läuft es völlig falsch.

Schwalbe
Wegen seiner Lebhaftigkeit am Morgen gilt dieser Vogel als ein Anzeichen von zunehmender Unternehmungslust. Sieht ihn ein Kranker im Traum, dann wird er bald von seinen Leiden und Schwächen erlöst sein.
→ Vogel

Schwan
Ein neuer Lebensfrühling durch Glück in einer Liebesverbindung
→ Flügel
→ Vogel

Schwarzer Mann
Sieht man einen → Mann, »schwarz wie die → Nacht«, bedeutet dies die Notwendigkeit

von gutem Rat in einer zunehmend schwierigen Lage.
→ Chinese (Gelber Mann)

Schwein
Das Schwein bedeutet, zumindest versichern es Vertreter der Zigeunerstämme, die dessen → Fleisch (im Gegensatz zu dem der → Kuh) besonders schätzen, ein wichtiges Sinnbild für eine Zukunft »im Überfluß«. Ein Schweinestall oder eine → Herde, besonders, wenn man sich als Schweinehirt sieht, bedeutet den Umgang mit Volk, der in jeder Beziehung Gewinn bringt.
→ Eber
→ Hirt
→ Meerschweinchen

Schwert
Für den Mann bedeutet der Traum von einem Schwert die Notwendigkeit des Erwerbens von Kenntnissen, Fähigkeiten oder Künsten; eine Anstrengung muß getan werden, ohne die ein Weiterkommen im gewünschten Sinne gar nicht möglich ist.
Träumt eine Frau von einem Schwert, so ist es eine Aufforderung, gegenüber einem Mann von Charakter und besonderen Fähigkeiten ein festes Vertrauen zu haben.
→ Dolch
→ Gewehr
→ Messer
→ Rüstung
→ Schild

Schwertkampf
Ist man in einen Kampf mit scharfen Waffen verwickelt, bedeutet dies, wenn man dabei verliert, die Verwicklung in unglückliche Vorfälle. Geht man aber siegreich aus dem Fechten hervor, so wird man sich demnächst auf alle Fälle gut durchsetzen.

Schwester
Gute Unterstützung von einer weiblichen Person, meistens von einer Verwandten. (Die Traumdeuter versichern gelegentlich, daß die starken Zuneigungen, die zur Hilfsbereitschaft führen, immer zwischen Menschen entstehen, die irgendwie miteinander blutsverwandt sind – auch wenn sie zuerst voneinander gar nichts wissen.)
→ Bruder
→ Vetter

Schwimmen
Schwimmt man, ohne die geringste Angst vor dem Ertrinken zu haben, so kommt man im Leben vorwärts. Je drohender das → Wasser wirkt, Wellen wirft, von gefährlichen → Fischen erfüllt ist, um so sorgloser fühlt man sich dabei.
→ Hai
→ Meer
→ Schiff

Schwören
Wird man selbst oder werden andere im Traum zum Schwören gezwungen, dann soll man in den kommenden Wochen darauf achten, daß man sich nicht leichtfertig in Rechtshändel verwickeln läßt, sonst wird man in viel Ärger hineinkommen.

See
Ein See (nicht zu verwechseln mit der See, dem → Meer) weist auf das Erreichen von Lebensumständen, die ein ruhiges

Glück ermöglichen. Handelt es sich um einen See in den → Bergen, dann kann diese Freude mit großer Wahrscheinlichkeit dauerhaft sein.
→ Wasser

Seife
Ist man beim → Waschen oder → Baden mit viel Seife, so wird man bald die lästige Pflicht haben, sich – sehr häufig bei gestrengen Vorgesetzten – zu rechtfertigen.

Seifenblasen
Spielt man selbst mit Seifenblasen, dann bedeutet es, daß die Pläne, mit denen man sich gerade beschäftigt, kaum große Folgen haben werden. Sieht man dagegen Kinder mit Seifenblasen spielen, dann werden den Träumer schon bald Angelegenheiten mit seiner Nachkommenschaft beschäftigen.
→ Schaum
→ Spielzeug

Seil
Kommt in einem Traum auf eine Art, die noch nach dem Erwachen fest im Bewußtsein bleibt, ein Seil vor, dann ist es möglich, daß man schon bald »gebunden« wird, also in eine Unzahl lästiger Pflichten verwickelt werden kann. Besonders in diese Richtung weist das Sinnbild, wenn das Seil eine Schlinge bildet.
→ Falle
→ Netz

Sense
Sieht man eine Sense, genau wie sie auf alten Bildern der → Tod schwingt, kann es den Rat bedeuten, belastende oder überflüssige Beziehungen möglichst folgerichtig abzubrechen.

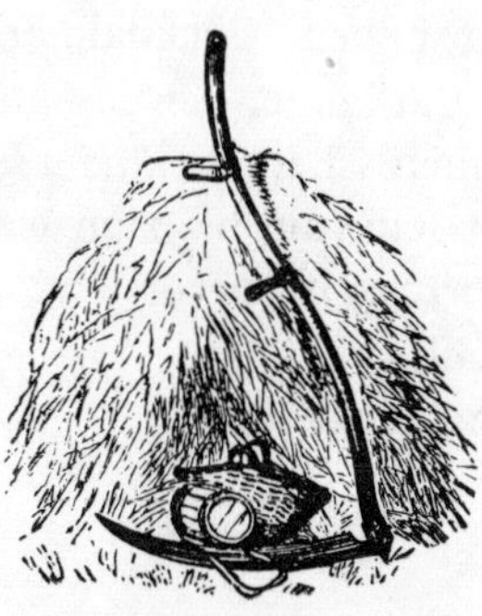

Senf
Ißt man im Traum auffallend viel Senf, so deutet man dies häufig als den Gewinn einer eher bitteren, künftig aber vermehrt nützlichen Erfahrung.

Siegel
Siegelt man einen Brief oder eine Urkunde, so ist dies eine Andeutung des Traums, die bewirken soll, Dinge, die wir von unsern Angehörigen kennen, nicht leichtfertig auszuplaudern.

Silber
Umgang mit silbernen Gegenständen bedeutet eine Vermehrung des Wissens und damit vermehrten Nutzen.

Skorpion
Ein Skorpionstich bedeutet einen nahen Glücksfall. Je stärker und kürzer der empfundene Schmerz ist, um so kürzer soll die Frist sein, die bis zum erfreulichen Ereignis bevorsteht.

→ Gift
→ Schlangenbiß

Soldat
Die erfreuliche Bedeutung von Kriegern oder Soldaten im Traum, wie wir sie mehrfach von Deutern vernahmen oder in den entsprechenden Büchern

lasen, scheint uns ein Beweis, daß wir hier ein Sinnbild aus der Zeit vor den modernen Massenkriegen besitzen. Eine Soldatenuniform anziehen (auch heutige Träumer sehen selten Feldgrau, sondern meistens romantischbunte, mit viel Gold und Silber geschmückte Kriegertrachten...) heißt demnach: »In eine angesehene, ruhmreiche Stellung kommen.«
Sieht man durchziehende Soldaten, so weist dies darauf, daß man in einem entscheidenden Augenblick seines Daseins äußeren Schutz bekommt.

→ Bogen
→ Gewehr
→ Krieg
→ Offizier

Sommer

Sieht jemand eine Landschaft, die von Sommerhitze durchflutet ist, kann er dies als Warnung auffassen. Seine Kräfte sind bis an ihre Grenze angespannt. Er muß einen Weg finden, sich zu erholen, »abzukühlen«, sonst steht ihm eine Zeit der Ermüdung und damit der Niedergeschlagenheit bevor.
→ Frühling
→ Herbst
→ Winter

Sonne

Gewinn von guten Kenntnissen, die dem Träumer Vorteile bringen. Brennt die Sonne zu heiß, so werden die Nachrichten, die man erhält, auch eine Schattenseite besitzen.
→ Abendröte
→ Morgenröte

Sonnenfinsternis (und ähnliches)

Ist die Sonne verdunkelt, bedeutet es für den Träumer in der kommenden Zeit vermehrte Gefahr. Ist sie blutig und schickt auf die Erde rote Strahlen, so kann unter den Angehörigen ein Unglück entstehen, »bei dem das Blut fließt«. Gibt es eine eigentliche Sonnenfinsternis, »kann es ein Unglück geben, das weit über den Kreis des Träumers hinausgeht, also zum Beispiel eine große Umwälzung in der Natur (etwa → Erdbeben)

oder in der Menschenwelt, Kriegsdrohung oder ähnliches.«
→ Himmelsfeuer
→ Meteor

Specht
Sieht man einen Specht oder vernimmt man, wie er an einen Baum klopft, dann bedeutet dies eine Warnung vor (menschlichem) Ungeziefer, das sich in der Umgebung des Träumers eingenistet hat.
→ Vogel

Spiegel
Blickt man in den Spiegel, dann sollte man sich bequemen, Rat über sein Verhalten anzuhören – man macht Fehler gegenüber andern Menschen, die man nicht wahrhaben will. Auch sollte man sich überlegen, was man für seine vernachlässigte Gesundheit tun sollte.
→ Kamm

Spielzeug
Sieht man Spielzeug herumliegen, so wird man schon bald in nähere Beziehung mit → Kindern treten.
→ Ball-Spielen
→ Gewichtheben
→ Schaukel
→ Schlitten
→ Schlittschuhlaufen
→ Seifenblasen
→ Stelzen

Spinne
Eine Spinne bedeutet Glück, zu dem man aber nur durch fleißige und folgerichtige Arbeit

kommt. Das Töten einer Spinne kann allerlei Unannehmlichkeiten und Arbeitsentlassung bedeuten.
Ein Spinnennetz weist auf die Möglichkeit, daß eine Angelegenheit, gegenüber der man ratlos dastand, auf einmal in erfreuliche Ordnung kommt.
→ Netz
→ Ungeziefer

Spital
Man fühlt sich elend und verlassen. Man muß eine Anstrengung unternehmen, um den Leerlauf des Alltags zu überwinden. Man sollte mehr jene Freunde aufsuchen, die mehr Lebensmut besitzen.
→ Apotheke
→ Arzt
→ Geschlechtskrankheiten
→ Krankheiten

Spitzohren
Sieht man im Traum Menschen oder auch Tiere mit auffallend spitzen Ohren, so soll dies eine Mahnung zur allerhöchsten Wachsamkeit sein.
→ Ohrringe

Sporen
Schöne Sporen, besonders verzierte und aus Edelmetallen geformte, wie sie etwa noch in der Jugend meines Vaters viele ungarische und russische Zigeuner trugen, können einen gesellschaftlichen Erfolg bedeuten.
→ Reiten
→ Roß
→ Sattel

Stadt
Ist die Stadt, die man im Traum schaut, unübersichtlich und von hastenden Massen erfüllt, bezieht sich dies, ganz ähnlich wie

der Anblick einer unfruchtbaren → Wüste, auf das Gefühl, einsam zu sein.
Ist die Stadt malerisch, also ein Gesamtkunstwerk, wie man sie

in vergangenen Jahrhunderten in Europa zu bauen versuchte (also als schönes und im Umfang weise begrenztes Herz einer blühenden Landschaft), so haben wir hier geradezu das Gegenteil der vorherigen Bedeutung: Man kommt in einen schöpferischen Kreis von Mitmenschen, die einander in jeder Beziehung gegenseitig anregen und fördern.

→ Haus

→ Morgenland (orientalische Stadt)

→ Ruine

Staub

Je mehr Staub man sieht, um so mehr kleinlichen Verdruß wird man haben.

→ Besen

Stein

Steine auf dem → Weg bedeuten in der Regel Schwierigkeiten mit Menschen, die den Träumer an seinem Vorwärtskommen zu behindern versuchen. Wirft man Steine weg, so deutet man dies auf Verleumdungen und Anklagen, deren Opfer man schon bald werden kann, und gegen die man sich mit allen seinen Kräften verteidigen muß. Sieht man sich dagegen bei der Beschäftigung, einen → Acker oder → Garten von Steinen zu befreien, dann kann dies auf baldigen Bodenbesitz deuten oder darauf, daß man sich bald ein → Haus bauen wird.

→ Edelsteine

Steinheben

Steinstoßen oder Steinheben, unabhängig davon, ob dies als Arbeit oder als sportliche Betätigung geschieht, bedeutet große Mühen beim Unternehmen, an dem man gerade ist.

→ Gewichtheben

→ Spielzeug

Steinmal

Sieht man ein vorgeschichtliches Steinmal, wie es heute noch etwa im → Wald und auf einsamen → Bergen zu finden ist, bedeutet dies eine wichtige Begegnung mit Uraltem: mit Bräuchen oder → Festen, die aus der Überlieferung der Vergangenheit stammen. (Für viele → Fahrende sind die Steinmale, auch wenn sie diese in einem für sie noch fremden Lande antreffen, die Gräber ihrer ältesten Ahnen.)

Stelzen

Geht einer auf Stelzen, so kann ihm dies selbstverschuldeten Ärger anzeigen. Im Fall, wenn er übermütig ist und hoch hinaus will, kann er zu einem raschen Sturz und damit zur Erniedrigung kommen.

→ Spielzeug

Steppe

Eine weite Fläche oder Ebene, die freilich im Gegensatz zur völlig unfruchtbaren → Wüste Pflanzenwachstum trägt, bedeutet die Sehnsucht nach einem Ortswechsel oder nach einer völlig neuen Beschäftigung.

Stern

Man hat die allerbesten Aussichten. Man sollte aber vorsichtig sein und nicht gleichzeitig zwei entgegengesetzte Pläne verwirklichen wollen, sonst zerstört man seine eigenen guten Möglichkeiten, Glück zu haben. → Fliegt man den Sternen zu, dann verschwinden gewisse Schwierigkeiten auf dem eigenen Lebensweg, unter denen man bisher gelitten hat.

Sieht man am → Himmel nur einen einzigen Stern, so ist dies die → Venus, der Planet der Liebesgöttin. Die allerbesten Aussichten beziehen sich dann vor allem auf die Angelegenheiten der Liebe.

→ Komet

→ Meteor

→ Mond

→ Nacht

Steuern

Muß man im Traum Steuern (früher hieß es »den Zehnten«) zahlen, so soll dies ein Hinweis auf die eigenen, ungeregelten wirtschaftichen Verhältnisse sein: »Am meisten wird die eigene Dummheit besteuert«, sagten die Wahrsager. Mit andern Worten – der Träumer erhält nun »von seiner weisen Seele« die Warnung, endlich etwas besser aufzupassen, wem er alles in seiner Gutmütigkeit oder Schwäche sein Geld gibt, ohne es dann je wiederzusehen oder dafür auch nur einen bescheidenen Dank zu bekommen.

Stiefel
Der Träumer wird sich nur mit Entschlossenheit durchsetzen. Handelt es sich um Stiefel zum → Reiten, dann braucht er zu seinem Unternehmen einen treuen Helfer.
Man sollte endlich lernen, sicher und fest aufzutreten. Haben die Stiefel noch → Sporen, kann es eine Mahnung zu mehr Selbstbewußtsein gegenüber Menschen von höherem Stande sein.
→ Schuhe

Stier
Warnung vor Machtproben in der eigenen unmittelbaren Umgebung.
→ Kuh

Stirn
Sieht man sich im Traum mit einem → Hörnerpaar, dann wird man für sein Recht hart kämpfen müssen. Hat man eine niedrige Stirn, muß man demnächst sehr hartnäckig sein. Hat man eine große Stirn, mahnt dies, seinen ganzen Verstand zusammenzunehmen. Hat man eine unreine Stirnhaut, soll man aufhören, falschen Überlegungen nachzujagen.
→ Falten
→ Haare

Storch
Der Storch soll immer Liebesglück bedeuten. Ein Storchenpaar weist auf eine dauernde

Verbindung. Sieht man noch dazu das Storchennest, ist es die Gründung eines dauerhaften Hausstandes.
→ Kranich
→ Vogel

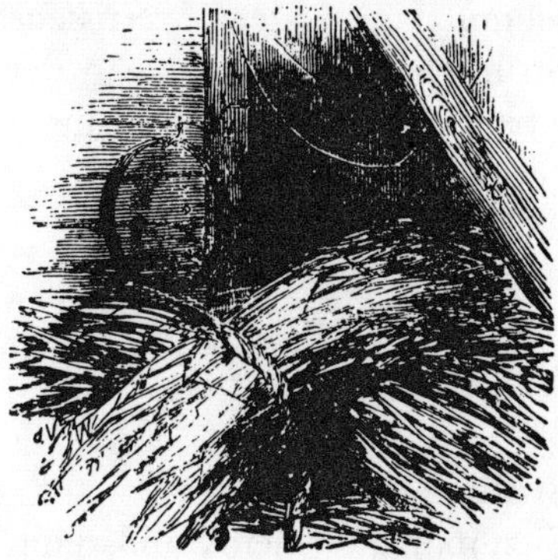

Strafe
Wenn man im Traum bestraft wird, soll dies Schuldgefühle wegen der Vernachlässigung seiner Angehörigen verraten.
→ Einbrecher
→ Diebstahl
→ Gefängnis
→ Hinrichtung

Straße
Sieht man eine belebte Straße, besonders mit vielen Fahrzeugen, bedeutet dies eine Zunahme der Auseinandersetzungen um seine Stellung in der Öffentlichkeit.
→ Weg

Stroh
Sieht man viel Stroh, dann muß man sich vermehrt davor hüten, sich nicht von unwichtigen Dingen in Aufregung versetzen zu lassen.

Strohbett
Sieht man ein → Bett auf Stroh bereitet, dann kann dies eine schöne Liebe bedeuten: Sie ist so stark, daß es gleichgültig ist, wie man übernachtet...

Strohpuppe
Sieht man eine Vogelscheuche aus Stroh, so bedeutet dies, daß man daran ist, die üble Nachrede eines Gegners ihrer Bedeutung nach zu überschätzen.

Strumpf
Sieht man im Traum Strümpfe, besonders wenn diese warm und aus guter Wolle sind, so muß man in der nächsten Zeit eher vorsichtig handeln. Sieht man

schmutzige oder zerrissene Strümpfe, dann ist man in der letzten Zeit eher leichtsinnig gewesen.
→ Schuh
→ Stiefel

Stuhl
Sitzt man auf einem Stuhl, dann erhält man eine Ehrung, die um so bedeutender und gesellschaftlich wichtiger ausfällt, je schmucker die Sitzgelegenheit ist. Wird einem aber ein Stuhl weggezogen, so muß man sich vor Neidern achten, denen es um die gleiche Lebensstellung wie dem Träumer geht.
→ Bank
→ Thron

Stumm
Sieht man sich oder andere stumm, so bedeutet dies, daß zum Unternehmen, an dem man gerade ist, noch einige der wichtigsten Hilfsmittel fehlen.

Sturz
Fällt man im Traum durch einen Sturm um, wird man bald eine Überraschung erleben. Je sicherer man sich während diesem Sturz fühlt, um so erfreulicher wird, in seinen Folgen, der Vorfall sein. Man muß sich nicht vor einer unruhigen Zeit fürchten; der geistige oder materielle Gewinn, den sie bringt, kann sehr bedeutend sein.
→ Blitz
→ Donner
→ Regen
→ Wind

Süßigkeit
Der Genuß von Schleckereien, besonders, wenn sie übertrieben süß sind, kann bedeuten, daß man sich vor leeren Schmeicheleien hüten soll; sie könnten zu empfindlichen Verlusten führen.
→ Zucker

T

Tabak
Raucht man Tabak, dann lösen sich Zukunftspläne in Rauch auf.
Das Rauchen von Tabak oder das Betreten einer Stube, in der tüchtig geraucht wird, kann bedeuten, daß man sich durch Redensarten ohne tiefere Bedeutung nicht benebeln lassen darf.
→ Pfeife
→ Rauchwerk

Tanne
Die Tanne als immergrüner Baum (Weihnachtsbaum) zeigt die Möglichkeit, auch die harte, kalte und finstere Jahreszeit überwinden zu können. Die Tanne im Traum mahnt uns, stets auch für einen Rückschlag des Glücks, auch für eine schwere Zeit des Überganges, wohl vorbereitet zu sein: Ist man dies, so ist nach dieser Prüfung ein erfreulicher neuer → Frühling sicher.
→ Baum

Tanz
Findet das Tanzen in einem verrauchten, von → Betrunkenen erfüllten Saal statt, bedeutet dies Enttäuschungen. Tanzt

man aber auf einer grünen → Wiese, auf einem → Berg oder um einen mächtigen → Baum, bedeutet dies eine Freude mit guten Nachwirkungen.
→ Ballett

Tau
Sieht man viel Morgentau auf der → Wiese oder einem → Acker liegen, so ist dies ein Hinweis auf viel Freude in allen Liebesdingen. Glänzen die Tautropfen wie → Edelsteine, verwandeln sie sich gar in solche, so soll dies ein Vorzeichen für die äußere Schönheit oder auch den inneren Wert der künftigen (oder selbstverständlich des künftigen) Geliebten sein!
→ Diamant
→ Wasser

Taube
Zuneigung und Liebe wird dem Träumer entgegengebracht.
→ Brief
→ Vogel

Tee
Trinkt man im Traum Tee, so muß man eine Anstrengung unternehmen, aus seiner Unfähigkeit zu klaren Entschlüssen und Taten herauszukommen.
→ Kaffee

Teller
Ein voller Teller bedeutet eine demnächst bezahlte Schuld; ein leerer Teller einen berechtigten Lohn, der lange vorenthalten wird. Zerschlägt man Teller, so bedeutet dies Ärger (Zank) mit Angehörigen.
→ Gabel
→ Löffel
→ Mahlzeit
→ Messer

Teppiche
Hat man in seiner Wohnung schöne Teppiche auf dem Boden, kauft man noch weitere dazu, so bedeutet dies eine gute Möglichkeit, seinen Besitz - vor allem Boden(Grund)besitz zu vermehren. Sind die Teppiche, die man im Traume erblickt, schmutzig oder beschädigt, so hat man Angst, zu viel Besitz zu haben - man fürchtet, den Überblick darüber zu verlieren.
Fliegende Teppiche bedeuten das gleiche, wie das → Fliegen im Traum überhaupt.
→ Wohnwagen
→ Zelt

Teufel
Entsprechend vielen Zaubergeschichten, die die Fahrenden von ihm erzählen, ist das Bild des Teufels im Traum nicht etwa ein Symbol für das reine Böse. »Der Herr des Hexensabbats«, wie er regelmäßig erklärt wird, steht eher für die Kraft des Lebens, die dauernd das Abgelebte zerstört und alle Dinge verändert oder verwandelt. Sieht man also den Teufel, weist dies auf den Beginn von »sehr abenteuerlichen« Vorgängen, deren Ausgang von der Erfahrung und Klugheit des Träumers entschieden werden.
→ Hexe
→ Hölle
→ Schwarzer Mann
→ Zauberer

Thron
Sieht man einen Thron, namentlich mit → Gold, → Edelsteinen und → Pfauenfedern geschmückt, dann ist dies die Aufforderung, einen guten Plan für seine gute Zukunft zu entwikkeln.
Sitzt man dagegen selbst auf dem Thron, so kann dies eine Unsicherheit bedeuten, ob man die Erwartungen von anderen zu erfüllen vermag. Man sollte also nicht mehr versprechen, als man wirklich leisten kann.
→ Bank
→ Fürst

Tod
Sieht man selbst den Tod, sei es als → Gerippe, sei es als einen bleichen Mann mit dem Stundenglas, dann ist es die Ankündung einer Reihe von Jahren voll Gesundheit. Dies zumindest, wenn man befähigt ist, sich

von Dingen zu lösen, die nicht wert sind, daß man ihnen nachtrauert.
→ Teufel
→ Tote

Todesurteil
Erhält man im Traum selbst ein Todesurteil, dann kann eine anscheinend ausweglose Angelegenheit, in die man hineinkommt, doch noch ein gutes Ende finden. Hört man von einem Todesurteil für einen Mitmenschen, wird man an anderen erleben, wie wenig beständig das menschliche Glück ist.
→ Hinrichtung
→ Strafe

Tollkirsche
Sieht man im Traum diese gefährlichen Beeren, dann muß man in den kommenden Tagen gegenüber dem Rat, den man bekommt, sehr vorsichtig sein. Wird man aber von → Beerensammlern über die Eigenschaften der Tollkirsche aufgeklärt, so ist dies ein sehr gutes Vorzeichen: Man wird wach sein und dadurch eine Falle, in die man zu seinem Schaden sehr leicht hätte hineingeraten können, im letzten Augenblick vermeiden.
→ Kräuter

Tollwut
Tiere im Zustand der drohenden, krankhaften Wut bedeuten die Warnung vor dem Angriff von Feinden. Kann man den Bestien glücklich entgehen oder sie leicht im Zustand der Notwehr töten, so wird man, nach den Traumdeutern, auch in Wirklichkeit erbitterte Angriffe abwehren.
→ Hund
→ Raubtiere

Tor
Steht man vor einem Tor, dann kann dies den Beginn eines neuen Lebensabschnitts bedeuten. Sonst sind die Bedeutungen dieses Sinnbilds ähnlich denen der → Tür.

Tote
Sieht man einen Freund tot oder muß an seiner Beerdigung teilnehmen, dann bedeutet dies keineswegs, daß er demnächst sterben soll. Es ist einfach der Ausdruck des Gefühls, das aus tiefen Schichten der Seele aufsteigt, daß man mit ihm dringend sprechen sollte. Er hat möglicherweise gerade jetzt etwas zu berichten, was zu einem späteren Zeitpunkt wenig Bedeutung besitzt.
Sieht man sich selbst tot, dann weist dies auf langes Leben.

Totenmahl
Sieht man sich in einer Gemeinschaft von Toten, lehren zigeunerische Traumdeuter, ist dies ein günstiges Vorzeichen: »Es ist dies ein Mulatschak, die Gemeinschaft der Toten oder Ahnen.« Im Träumer steigen Kräfte und schöpferische Gedanken auf, die noch von den Vorfahren stammen. Er gewinnt neuen Lebensmut und kann damit die Fragen, die ihm sein Lebensabschnitt stellt, siegreich meistern.

Totenschädel
Im Sinn der vorherigen Sinnbilder muß man auch den Traum vom Totenschädel sehen. Beim Fahrenden Volk findet sich noch

die Sage, daß es im Osten Völker gab, »die aus den Schädeln ihrer Ahnen bei → Festen tranken, um all ihre Weisheit zu erben«. Ein Totenschädel soll darum die Ankündigung von Wissen sein, das man von seiner Herkunft erhält - gelegentlich deutet man ihn auch nur als den Hinweis auf eine baldige Erbschaft.

Totenkranz
Der → Kranz von einem Grab wird in vielen oberflächlichen Traumbüchern als ein schlechtes Vorzeichen gedeutet, das auf den baldigen Tod des Träumers hindeuten soll. Von osteuropäischen Zigeunern aus der Umgebung von Paris kann man dagegen vernehmen, daß dies nur eine Warnung vor künftigen Ereignissen bedeuten soll. Erhält man einen Kranz oder einen andern Gegenstand von einem → Grab, so heißt dies, daß man sich in einer baldigen Angelegenheit an eine gute Lehre erinnern soll, die man einst von verstorbenen Angehörigen erhalten hat.
Ist dieser Totenkranz besonders trocken, so sieht man darin die Mahnung, daß man alles Unglück, das man gerade hatte, sich selbst zuzuschreiben hat; man hat eben die guten Erfahrungen, die man von den Alten vernommen hatte, zu wenig beachtet.

Tränen
Muß man im Traum Tränen vergießen, so soll dies auf ein freudiges Ereignis, verbunden mit viel Lust, verweisen.
→ Trauer
→ Weinen

Tragen
Träumt man davon, daß man jemand trägt, so soll dies eine sehr gute Vorbedeutung haben. Es bedeutet, daß man bald genug Kraft und Geldmittel haben wird, um andern zu helfen. Wird man aber selbst von anderen Menschen getragen, ist dies eher schlecht, denn es bedeutet, daß man in eine Notlage geraten kann, aus der man sich von Mitmenschen heraushelfen lassen muß.

Trauer
Trauert man im Traum, besonders wenn es um einen lieben → Toten ist, so soll dies die Ankündung einer heiteren Zeit sein.
→ Tränen
→ Weinen

Traumbuch
Öffnet man im Traum ein Traumbuch, so soll dies ein Hin-

weis sein, daß die darauffolgenden Traumbilder eine besondere Bedeutung besitzen. Erwacht man aber unmittelbar nach dem Anblick des Traumbuchs, so soll man auf das nächste Ereignis achten, das nun stattfindet - es kann wichtige Folgen haben.
→ Buch

Traumdeuter
Besucht man im Traum einen Traumdeuter, so kann dies eine Mahnung sein, sich einmal zu überlegen, wer der Mensch ist, auf den man das größte Vertrauen setzt - mit ihm soll man einmal ernsthaft seine Lage besprechen und seinen Rat nach Möglichkeit beachten.
→ Wahrsager
→ Zauberer

Treppe
Steigt man auf einer Treppe empor, besonders in einem vornehmen → Haus, einem stolzen → Schloß usw., dann sollte man sein Licht nicht unter den Scheffel stellen. Man muß sich mehr unter den Menschen zeigen und ihnen mehr von seinem Überfluß gönnen.
Steigt man auf einer breiten und vornehmen Treppe in der Richtung eines unterirdischen Gewölbes (→ Keller), dann wird man eine wichtige Geschichte über seine Vorfahren vernehmen.
→ Leiter

Trödler
Man muß sich in seiner Umgebung gut umsehen. Wahrscheinlich hat man in seinem Besitz Gegenstände, die man bisher wenig beachtete, die aber in irgendeinem Sinn von bedeutendem Wert sind.
→ Bettler
→ Händler
→ Laden
→ Lumpensammler

Trommel
Vernimmt man eine Trommel schlagen, sieht etwa sogar den → Trommler, ist dies eine Aufforderung, einer Mitteilung oder Nachricht, die aus der Ferne zukommt, die nötige Beachtung zu schenken und entsprechend zu handeln.
→ Posaune
→ Trompete

Trommler
Warnung, nicht auf Schlagworte hereinzufallen. Wenn sich alle durch eine wenig begründete Begeisterung mitreißen lassen, dann kommt derjenige am weitesten, der die allgemeine Lage sachlich überdenken und überblicken kann.

Trompete
Hört man den Klang einer Trompete, so steht eine entscheidende Auseinandersetzung bevor.

Trompeter
Sieht man einen Trompeter, besonders, wenn er eine malerische Uniform nach der Art der Soldaten der kleinen Fürstentümer des letzten Jahrhunderts trägt, dann ist es die Aufforderung, demnächst mehr Mut und Entschlossenheit zu zeigen.
→ Posaune

Tür
Sieht man eine Tür geöffnet, so wird man eine neue Bekanntschaft machen; ist die Tür groß (→ Tor) und kunstvoll gestaltet, dann tritt man in Beziehung zu einer ganzen Gemeinschaft. Steht man vor einer geschlosse-

nen Tür, kann man mit Mitmenschen eine Enttäuschung erleben.
→ Dietrich
→ Schlüssel

Tunnel
Bewegt man sich in der → Eisenbahn oder im → Wagen durch einen finstern Tunnel, so bedeutet dies Unsicherheit eines Unternehmens. Da es aber nun einmal gewagt wurde, hat man in diesem Sinnbild eine Warnung, mit frischem Mut weiterzufahren. Als besonders günstiges Zeichen gilt es, wenn man am Ende des Tunnels einen Lichtschimmer erblicken kann.

Turm
Man hat die Möglichkeit, einen guten Überblick über seine Angelegenheiten zu bekommen und damit seine Zukunft in günstiger Art zu ändern. Stürzt aber der Turm zusammen, soll man alte Pläne aufgeben.
→ Berg
→ Weitblick

Überschwemmung
Sieht man seine Umgebung durch steigende → Fluten verschwinden, stehen bedeutende Veränderungen bevor.

Ufer
Steht man an einem Ufer, muß man sich den Schritt in einen neuen Lebensumstand gut überlegen. Steht man am Ufer eines→ Sees, wird dieser Zustand erfreulicher sein, als wenn man sich am Rand eines → Meeres sieht.

Uhrmacher
Sieht man einen Uhrmacher in seiner Werkstatt bei der Arbeit, so gilt dies als eine Mahnung, bei seiner beruflichen Tätigkeit gründlicher zu sein.

Uhr
Die Zeit muß besser genützt werden.

Uhrschlagen
Hört man eine Uhr schlagen, besonders eine Turmuhr, so ist dies ein Hinweis, eine gute Gelegenheit nicht zu versäumen; sie wird sich so bald kaum wiederholen.

Unfall

Sieht man sich in einen Unfall verwickelt, so ist dies eine Mahnung, seine Umwelt so zu behandeln, daß man von verschiedenen Seiten in einer Notlage gute Hilfe erwarten darf.

Ungeziefer

Man hat viel kleinen Ärger und verliert damit viel Kraft, die man besser für ein wichtiges Ziel einsetzen sollte.

→ Ameisen
→ Fliegen
→ Flöhe
→ Heuschrecke
→ Motten
→ Skorpion
→ Spinne
→ Wanzen

Unrecht

Erlebt man im Traum Unrecht durch andere, wird man demnächst eine nützliche Erfahrung machen, die in der Zukunft von großem Nutzen sein wird.

Vater
Sieht man seinen Vater (oder Großvater), bedeutet dies günstige Veränderung mit der Hilfe der Verwandtschaft.
→ Alter Mann
→ Eltern
→ Greis
→ Mann
→ Mutter

Venus
Sieht man den → Stern des → Morgens, die Venus, bedeutet dies Glück in Liebesdingen. Sieht man aber das Gestirn unruhig am Himmel flackern oder gar die Venus als zürnende schöne Frau, hat man gegenüber dem andern Geschlecht Unrecht getan, was zu einem Unglück führen kann.
→ Abendröte

Verhaftung
Sieht man sich selbst oder andere Menschen verhaftet oder gefangen genommen, ist dies eine Warnung vor Verlusten, die man durch Vorsicht und guten Überblick der eigenen Lage leicht vermeiden könnte.
→ Kerker
→ Strafe

Verräter
Wird man im Traum verraten, so soll dies die Wende einer Lage bedeuten, wegen der man sich in einem Zustand der Täuschung befand. Man erkennt also eine mögliche Falle und ist darum bald fähig, seine Verhältnisse im allerbesten Sinn zu wenden.

Versammlung
Ist man im Traum an einem Ort, an dem sich große Menschenmassen befinden, ist dies ein Hinweis, seine Zeit nicht bei an sich sinnlosen Aufläufen zu verlieren.
→ Straße

Vetter
Je mehr der Verwandten man versammelt sieht, um so fröhlichere Tage stehen bevor.
→ Bruder
→ Schwester

Violett
Das Veilchenblau gilt als kühle und »geistige« Farbe. Spielt sie eine bedeutende Rolle in einem Traum, so sind einige Deuter überzeugt, daß er uns »den baldigen Gewinn von guten Einfällen« verspricht.

Vogel
Sieht man sich selbst als Vogel (oder als Mensch mit → Flü-

geln), dann nimmt man gerade eine Angelegenheit, die einen beschäftigt, viel zu schwer.

Fliegen Vögel auf den Träumer zu, kann er in den kommenden Tagen sehr leicht Freunde gewinnen. Fliegen Vögel weg, dann verliert er Freunde.

→ Aasgeier
→ Adler
→ Elster
→ Eule
→ Falke
→ Fliegen
→ Krähe
→ Kranich
→ Luftschiff
→ Nachtigall
→ Pfau
→ Rabe
→ Schwalbe
→ Schwan
→ Specht
→ Storch
→ Taube

Vulkan

Sieht man einen feuerspeienden Berg (Vulkan), so ist deine gesellschaftliche Lage durch Verleumdungen unsicher geworden.

Erlebt man den Auspruch eines feuerspeienden Bergs, dann bedeutet dies die Warnung vor einem großen öffentlichen Unglück. (Ein Zigeuner aus Odessa versicherte meinem Vater, daß vor dem Ersten Weltkrieg und der darauffolgenden Revolution [1917 bis 92], die das Zarenreich vernichteten, gerade in diesem Reich Träume von feuerspeienden Bergen recht häufig waren, obwohl die wirklichen Vulkantätigkeiten innerhalb der russisch-sibirischen Erdmassen verhältnismäßig gering und selten sind.)

→ Erdbeben
→ Himmelsfeuer

Wache
Sieht man einen Wächter, einen → Soldaten im Wächterhaus oder ähnliche Dinge, so fühlt man sich im Augenblick bedroht.
→ Gewehr

Wagen
Die Rolle, die der Wagen bei vielen Traumdeutern besitzt, wird vielfach von diesen selbst als ein wichtiger Hinweis auf die Bedeutung erkannt, die er im Dasein ihrer wichtigsten Lehrer besitzt, der Zigeuner und anderer Nomaden.
Wenn man einen neuen Wagen besteigt, so bedeutet dies den Beginn eines neuen Lebensabschnitts, der sich auf alle Tätigkeiten des Träumers auswirken wird. Kommt man irgendwo in einem Wagen an und steigt aus ihm heraus, dann wird man schon bald an einem seiner wichtigsten Lebensziele ankommen.
→ Karren
→ Rad
→ Roß
→ Wanderer
→ Weg
→ Wohnung
→ Zelt

Wahnsinn
Sieht man in seinem Traum Irrsinnige, so bedeutet dies, daß man sich zu häufig in einer Gesellschaft befindet, durch die man seine Zeit verliert und immer entschlußunfähiger wird.

Wahrsager
Geht jemand im Traum zu einem Wahrsager, so ist dies ein Hinweis auf Sorgen, in denen man sich fast ohne fremde Hilfe bewähren muß. Ist man dagegen selbst ein Wahrsager, der andere Menschen beraten muß, dann wird man Erfolg haben und damit für andere eine für sie geradezu vorbildliche Stellung erlangen.
→ Bleigießen
→ Karten
→ Traumdeuter

Wald
Ein grüner Wald, durch den man schreitet, bedeutet Sicherheit in allen Dingen. Geht aber der Wald in Flammen auf, so kann dies selbstverschuldeten Verlust bedeuten. Waldvolk am → Lagerfeuer weist auf Hilfe.

Waldbruder
Ein Waldbruder oder → Einsiedler bedeutet den guten Rat von einem erfahrenen Mann.
→ Heilige
→ Kirche

Waldfrau
Eine Frau im Wald, besonders wenn sie heilbringende → Kräuter sammelt, bedeutet guten Rat von einer erfahrenen weisen Frau.
→ Hexe

Wanderer
Siehst du einen Wanderer aus der Ferne herankommen, so wirst du bald eine Bekanntschaft von entscheidender Bedeutung machen. Ist man selbst auf der Wanderschaft, so erwartet man in seinem künftigen Leben Ver-

änderungen. Welcher Art diese Veränderungen sein werden, verraten die Landschaften oder Abenteuer, die du auf deiner Traum-Wanderschaft erlebst (zum Beispiel das Besteigen eines → Bergs, Begegnung mit → Zigeunern).
→ Pilgerfahrt
→ Straße
→ Wagen
→ Zigeuner

Wanze
Wanzen bedeuten überflüssige Beunruhigung durch unbedeutende Menschen.
→ Flöhe
→ Läuse
→ Ungeziefer

Wappen
Gute Erbschaft von den Vorfahren her; es kann sich dabei auch um gute Lehren handeln.

Warze
Ist die Haut im Traum von Warzen bedeckt, so ist dies die Warnung, weiterhin häufig an unsauberen Plätzen zu verkehren. Dies bedeutet Orte, die im wörtlichen Sinn schmutzig sind, aber auch solche, an denen man Menschen voll von schmutzigen Gedanken antrifft.

Waschen
Wäscht man sich selbst, erkennt man schon bald die Nichtigkeit von Verleumdungen. Ist man

mit der Säuberung von Wäsche beschäftigt, namentlich wenn dies an einem fließenden → Bach geschieht und dessen → Wasser jede Verschmutzung wegnimmt, wird man gute Ordnung in seine häuslichen Angelegenheiten bringen können. Verzweifelt man dagegen vor einem Berg von dreckigen → Kleidern, wird man es schwer haben, die Achtung seiner menschlichen Umwelt zu bewahren.

→ Baden
→ Schaum
→ Ungeziefer

Wasser

Hat man genug klares Wasser, besitzt man auch in jeder Beziehung genug Lebenskraft. Verschüttet man aber Wasser, ist man unvorsichtig.

→ Bach
→ Durst
→ See
→ Tau

Wasserfrau

Wasserfrauen (Nixen, bei Paracelsus Undinen) haben noch heute eine große Bedeutung in den lebendigen Sagen des Fahrenden Volkes, aber auch in den Träumen der Seßhaften. Diese Märchengestalten erscheinen entweder als schöne Frauen mit einem geschuppten → Fischschwanz oder als Feen von vollkommener Menschgestalt in der Nähe von Bächen und → Seen. Sie verraten ihr geheimnisvolles Wesen nur dadurch, daß ein Zipfel ihres Rocks oder ein Zopf ihrer langen Haare naß ist.

Die Begegnung mit einer Wasserfrau im Traum bedeutet Fruchtbarkeit und Kindersegen in der Familie.

Wasserfall

Steht man vor einem gefährlich aussehenden tosenden Wasserfall, so bedeutet dies eine Zunahme der Schwierigkeiten in Rechtshändeln oder andern Geschäften. Kann man aber trotzdem über das Wasser, vielleicht sogar darüber → fliegen, hat man die Kraft, die Widerstände zu beseitigen.

→ Brücke

Wasser-Gehen
Es ist ein verhältnismäßig häufiger Traum, daß es jemand so vorkommt, als laufe er auf dem Wasser, ganz als wäre dieses fester Erdboden. Dieses Sinnbild kann gelegentlich dem Schlaferlebnis verwandt sein, während dem man mit oder ohne → Flügel durch die Lüfte einen → Flug unternimmt. Das Gehen auf dem Wasser soll nach den Deutern den Rat enthalten, bei einem Entschluß, den man nun einmal gefaßt hat, nicht mehr zu wanken, und sicher und fest seinen Weg zu gehen.

Weg
Der Weg bedeutet das Leben. Die Dinge, an denen man, wenn man sich auf ihm bewegt, vorbeikommt, weisen auf Ereignisse, die bevorstehen. Die Art des Weges verrät, ob der nächste Lebensabschnitt glücklich oder unglücklich wird. Befindet sich z. B. der Träumer in einem → Wagen und muß dieser auf → Steinen, die auf dem Weg herumliegen, gefährlich holpern, dann stehen Schwierigkeiten bevor. Bricht zum Beispiel eins der vier → Räder, dann wird man bei der Bewegung auf ein Hauptziel zu auf ein Hindernis stoßen, daß zu großem Zeitverlust führt. Führt der Weg durch → sumpfiges Gelände, dann muß man sich noch durch allerlei Gefahren und die Ränke von Neidern durchkämpfen.
Bricht der Weg plötzlich ab (zum Beispiel führt er an einen → Abgrund), dann besteht die Möglichkeit, daß dem Träumer (oder nahen Angehörigen) ein plötzlicher Unfall begegnen kann.
Wenn der Weg unmerkbar verschwindet, etwa in eine schöne → Wiese oder einen malerischen → See mündet, dann wird der Träumer einmal, nach einem in jeder Beziehung erfüllten Dasein, einen sanften Tod finden.
→ Rad
→ Straße
→ Wagen
→ Wohnwagen

Wegweiser
Sieht man auf seinem Weg einen Wegweiser aus Holz oder Stein, dann hat man demnächst die Möglichkeit, eine Zeit der Unentschlossenheit zu beenden und zu handeln.

Weihrauch
Duftender Weihrauch, dessen Wolken den Träumer umhüllen, selbstverständlich auch → Rauchwerk anderer Art, soll eine Mahnung sein, sich von niemand verwirren zu lassen und folgerichtig auf dem Weg seiner ursprünglichen Entschlüsse zu bleiben.

Weintrinken
Die Beteiligung an einem → Fest mit viel Wein betrachtet man als einen Hinweis auf eine nahe freudige Begegnung. Ist dabei die Tafel (→ Tisch) besonders festlich, zum Beispiel mit → Blumen geschmückt, dann betrachtet man dies als ein Zeichen für eine rasch nahende Festzeit, zum Beispiel eine fröhliche Hochzeit oder eine Geburt in der nächsten Verwandtschaft oder im unmittelbaren Freundeskreis.
Ist der Wein besonders »wunderbar«, wohlschmeckend, also »besonders gewürzt«, dann wird die kommende Begegnung oder das nahende Fest gute Folgen auslösen, die man vorher nur schwerlich erahnen kann. (Viele der Traumdeutungen, die wir heute zusammenstellen dürfen, kommen ganz offensichtlich aus dem Kreis der ursprünglichen Kulturen, in denen ein besonderer Anlaß ohne die Verwendung von Getränken »nach von den Ahnen überliefertem Rezept« als traurig und nicht glückbringend galt. Anleitungen zum »würzen« des Weins durch den Zusatz besonderer → Kräuter werden als ein wichtiger Teil der Erbschaft angesehen, die die Eltern ihren Kindern weitergeben. Um Rezepte dieser Art kennenzulernen, muß man geradezu in Sippen, die sie eifersüchtig für ihre besonderen An-

lässe hüten, einheiraten...)
Schmeckt dagegen der Wein schal, sauer oder bitter, dann wird eine baldige Begegnung (oder ein Fest, an dem man teilnehmen wird), in jeder Beziehung enttäuschend ausfallen.
→ Bier
→ Champagner
→ Honig, Honigtrank
→ Reben

Weinen
Sieht man im Traum Menschen → Tränen vergießen, so ist dies in der Regel die Ankündigung von einem unerwarteten freudigen Ereignis.
Träumt jemand, daß er sehr tränenreich weint, dann wird er schon bald gute Gelegenheit zu vielerlei Lustigkeit haben.
→ Perle
→ Tränen
→ Trauer

Weiß
Weiß (→ Silber) gilt als die → Farbe des → Mondlichts. Weiße Gegenstände im Traum bedeuten, daß Dinge, die einem unbekannt waren, nun eine Aufklärung bekommen können.

Weitblick
Steht man auf einer Anhöhe (→ Berg) und hat einen schönen Weitblick, dann soll eine Zeit des ruhigen Genießens nahe sein. Ist die Weite von → Nebeln oder finstern → Wolken verhängt, dann muß man sich sehr hüten, daß man das bisher Erreichte nicht mutwillig aufs Spiel setzt und auch leicht verliert.
→ Turm

Wespe
Warnung vor unangenehmen Folgen, die eine unvorsichtig

genossene Unterhaltung mit sich bringen kann.
→ Biene
→ Honig

Wette
Wettet man im Traume um → Geld, so soll es gleichgültig sein, ob man dabei gewinnt oder einen Verlust erleidet: In beiden Fällen soll es eine Warnung sein, nicht zu viel von seinem Besitz durch ein Wagnis zu gefährden.

Wiese
Liegt oder lustwandelt man auf einer blühenden Wiese (als besonders gut gilt eine Wiese auf einem → Berg), dann wird die nahe Zukunft ruhig und ohne viel der eigenen Mühen gewinnbringend sein. Handelt es sich um eine Weide, auf der sich einige → Kühe befinden, dann bedeutet dies Fülle und Glück in jeder Beziehung.
→ Acker
→ Kleefeld

Widder
Der Widder führt eine größere Herde von → Schafen. Sieht man einen solchen auf seinem Traumweg, dann ist es die Ankündung der Begegnung mit einem hochgestellten Menschen, der das Haupt einer großen Anzahl von Untergebenen ist. Günstig ist es besonders, wenn man den Widder auf einem → Berg antrifft.

Wind
Je rauher der Wind ist, der dem Träumer entgegenbläst, um so größer sind die Widerstände, die er demnächst überwinden muß. Je angenehmer, lauer, frühlingshafter dagegen die Luft ist, desto schwächer sind die Gegenkräfte, mit denen er sich noch auseinandersetzen muß.
→ Sturm

Wiege
Sieht man im Traum eine Wiege, unabhängig davon, ob sie leer ist oder sich ein → Kind darinnen befindet, wird man selbst oder seine nächste Sippe einen Zuwachs erleben.

Winter
Eine schwere Zeit hat ihren Höhepunkt erreicht; man muß sich mit Geduld wappnen. Ein neuer

Frühling ist nahe: Dies wird dem Träumer besonders deutlich, wenn er feststellen kann, daß → Eis und → Schnee bereits unter dem Einfluß einer erstarkenden → Sonne zu schmelzen anfangen.
→ Frühling
→ Herbst
→ Sommer

Wirtshaus
Ein Gespräch mit Wirt oder Wirtin weist auf eine bevorstehende Reise oder auf einen Gast aus der Ferne. Aufenthalt im Wirtshaus bedeutet, nicht zu viel Zeit mit ungebetenen Gästen zu verschwenden.
→ Bier
→ Wagen
→ Weg
→ Wein

Wohnungswechsel
Sieht man sich im Traum die Wohnung wechseln, so ist dies ein Zeichen, daß man in seinem → Haus in Schwierigkeiten kommen kann, zum Beispiel in Ärger mit dem Wohnungsbesitzer oder den Nachbarn.

Wohnwagen
Sieht man ein Lager von → Zelten oder von → Wagen, besonders, wie sie den → Fahrenden zur Behausung dienen, sich in Bewegung setzen, dann steht der Beginn einer guten Zeit (also eines in jeder Beziehung erfreulichen Neuanfangs) bevor.
→ Weg
→ Zigeuner

Wolf
Der Wolf galt als ein besonders wildes einheimisches → Raubtier. Sieht man solche im Traum, wird man in der nächsten Zeit bedeutende Entschlossenheit brauchen. Da die Wölfe in der Regel in starken Rudeln angreifen, wäre es künftig gut, sich im Schutz einer starken Gemeinschaft zu befinden.
Hört man auch nur ihr Geheul, dann muß man vorsichtig sein, in den nächsten Tagen nicht durch böswillige Menschen einen Verlust zu erleiden.
→ Fuchs
→ Hund

Wolke
Düstere Wolken bedeuten eine Zeit voll niedergeschlagener Stimmung. Man erwartet ein Gewitter - also schlechte Nachrichten. Sich auflösende, sonnenbeschienene Wolken sind Sorgen, die sich allmählich auflösen.
→ Blitz
→ Donner
→ Sturm
→ Wind

Wucherer
Sieht der Träumer einen Wucherer, so gilt dies als eine Warnung vor seinem eigenen

Geiz. Ist man in gewissen Fällen kleinlich im Geldausgeben, zum Beispiel nicht großzügig gegenüber treuen Freunden oder nicht wagemutig und einsatzfreudig, dann kann dies nicht weniger zu Verlusten führen als blinde und ziellose Verschwendungssucht.
→ Pfandleiher

Wunde
Verwundet man sich im Traum stark, so wird man bald eine Bekanntschaft haben, die auf das Leben einen starken Einfluß ausüben wird.
Wunden am Körper sollen ein eher guter Traum sein. Man deutet ihn meistens als einen baldigen Trost wegen bisherigen Verlusten.
→ Brandwunde
→ Hand

Würfel
Spielt jemand mit Würfeln um → Geld, so bedeutet dies die Gefahr von kommendem Ärger. Das Würfeln ist zumindest nach der Auffassung eines Deuters, der solches erzählte, eins der Glücksspiele, die regelmäßig zum Streit führen.
→ Karten

Wurm
Sieht man im Erdboden ein Gewühl von Würmern, so können in dem Land oder in der Stadt, in denen man lebt, Unruhen durch Menschenmassen entstehen.
→ Blindschleiche
→ Schlange

Wurzel
Sieht man Wurzeln von → Bäumen oder → Kräutern, so ist dies das sichere Gefühl, daß die Lage, in der der Träumer zur Zeit steckt, nur aus dem Wissen um die Vergangenheit verständlich wird. Einige Deuter empfehlen, nach dem Anblick eines solchen Bildes den ältesten Angehörigen, der noch lebt, um guten Rat zu fragen.
Die Wurzel bedeutet überhaupt

verborgenes (noch tief in der Erde steckendes) Wissen. Man muß seine Kenntnisse erweitern, zu den Grundlagen vorstoßen.

Wurzelgräber
Umgang mit Menschen beiderlei Geschlechts, die mit der Vertiefung ihres Wissens beschäftigt sind: Besonders mit Kreisen, die etwas abseits vom Lärm des Tages gemeinschaftlich Überlieferungen pflegen.
Für einen Kranken bedeutet der Traum von einem Wurzelgräber das Auffinden des für ihn richtigen Heilmittels.
→ Hexe
→ Zauberer

Wüste
Verlust von guten Freunden, meistens durch Eigennutz oder andere eigene Fehler, die in die Leiden der Einsamkeit führen.
→ Dürre
→ Steppe

XYZ

Zahlen
Sieht man im Traum Gegenstände in einer auffallenden Zahl (z. B. sieben → Blumen), so soll die gleiche Zahl, wenn sie demnächst irgendwie im Wachen auftritt, Glück bringen. Im übrigen: Durch zwei teilbare Zahlen also 2, 4, 6, 8 usw., die im Traum auftreten, können Verneinung (im bezug auf das Gelingen eines Unternehmens, das man gerade beginnen will) bedeuten. Die durch zwei unteilbaren Zahlen sind dagegen nach vielen Traumdeutern eine Bejahung und Zusicherung (die 1, 3, 5, 7, 9 usw.).

Zahn
Besucht man einen Zahnarzt und zieht er dem Träumer einen Zahn, dann soll dies die Möglichkeit eines schweren Verlusts im Kreis der nahen Verwandten bedeuten.

Zahnbürste
Reinigt man sich im Traum die Zähne, gebraucht man noch etwa zum → Mundspülen zusätzlich duftende Wasser, dann

hat man in der letzten Zeit Aussprüche weitergegeben, die anderen Menschen Schwierigkeiten bereiten können. Man wird also gut tun, einiges gedankenloses Geschwätz zu berichtigen.

Zauberer

Sieht man im Traum einen Zauberer (Magier), weist dies auf die Bekanntschaft mit einem kunstvollen und einflußreichen Menschen, die eine Wendung ins Leben bringen kann.
→ Hexe
→ Teufel
→ Wurzelgräber

Zeitung

Sieht man sich im Traum Zeitungen lesen, so bedeutet dies,

daß man sich demnächst zu stark mit Gerüchten abgibt, die einen eigentlich nicht besonders angehen. Es ist eine Aufforderung, in der nächsten Zeit weniger über die Dinge der großen Welt nachzusinnen, die man mit seinen Kräften kaum beurteilen und verändern kann. Man soll vermehrt versuchen, seine nächsten Sachen zu ordnen.
→ Buch
→ Schreiber

Zelt

Man hat die Möglichkeit und die Macht, seine Lage rasch zu verwandeln - wenn man nur rasch zu handeln vermag. Ist das Zelt in seinem Innern, nach der Art der Nomaden, mit bunten Tüchern und → Teppichen schön geschmückt, dann ist die Wahrscheinlichkeit groß, daß diese Änderung der Lage in jeder Beziehung günstig sein wird.

Sieht man ein Lager von Zelten (oder auch → Wohnwagen), dann stehen allgemeine Schwierigkeiten bevor. Wenn man aber genügend Beweglichkeit besitzt, kann man, zumindest im Geist,

durch die Aufnahme von neuen Ideen, weiterwandern und damit die Lage meistern.
→ Fahrende
→ Lagerfeuer
→ Wagen
→ Weg
→ Zirkus

Ziege
Sieht man eine Ziegenherde, dann wird man in nahe Beziehung zu fröhlichen, übermütigen Menschen geraten. Sieht man sich als deren → Hirt, dann wird man aus solchem Umgang, der sonst gefährlich werden kann, einen Nutzen ziehen.
→ Bock
→ Herde

Ziel
Bewegen wir uns in einer Richtung, die wir im Traum als ein Ziel empfinden, so bedeutet dies fast in jedem Fall einen Erfolg. Auch heutige Traumdeuter, die sich freilich auf alte Regeln berufen (ein ähnlicher Hinweis findet sich schon in Ausgaben des Griechen Artemidoros) wissen bei dieser Vorstellung eine Ausnahme: Sieht ein Kranker sich auf ein Ziel zubewegen, kann dies eine ungünstige Änderung seines Zustandes bedeuten.

Zigeuner
Sieht man Zigeuner, dann kann dies eine baldige Wanderung, einen Ortswechsel oder auch eine Wandlung der eigenen Verhältnisse bedeuten.
→ Fahrendes Volk

Zimmermann
Sieht man ihn im Traum arbeiten, muß man vermehrt zu seinem Haushalt Sorge tragen, sonst wird man in eine unangenehme Zeit hineinkommen.

Zinn
Das Benützen von Gefäßen aus Zinn soll auf künftige Begegnungen mit wichtigen Leuten hinweisen. Trinkt man daraus guten Wein, so soll dies ein gesellschaftliches und geschäftliches Fortkommen erleichtern.
→ Blei
→ Eisen
→ Gold
→ Kupfer
→ Silber

Zirkus
Der Zirkus kann, genau wie der → Jahrmarkt oder ein → Wirtshaus, den bunten Betrieb der Welt bedeuten. Der Traum von ihm ist häufig ein Hinweis, sich nicht durch äußere Titel und geschwätzige Lobpreisungen von wichtigen Zielen ablenken zu lassen.
→ Fahrendes Volk
→ Wohnwagen

Zoll
Durchquert man eine Grenze, an der man Zoll verlangt, dann kann dies nach den Traumdeutern den Sinn haben, daß jemand wegen deinem neuerworbenen Besitz neidisch ist. Man muß sich sehr vorsehen, sonst kann man einen bedeutenden Verlust erleiden.
→ Steuer

Zorn
Wenn man im Traum in maßlosen Zorn gerät und in einem solchen Zustand haltlos herumtobt, so wird man sich schon bald im Zustand eines Irrtums befinden. Man soll in den nächsten Tagen einen kühlen und sachlichen Kopf bewahren und sich nicht von Gerüchten und Mißverständnissen verwirren

lassen, dann kann man sich sehr viel Ärger ersparen.
Sieht man im Traum nicht sich, sondern andere Mitmenschen in wachsenden Zorn geraten, so soll man demnächst ebenfalls eine genügende Kaltblütigkeit bewahren - gegenüber den Ausbrüchen von andern: Dann können sich peinliche Auftritte, deren Zeuge man werden kann, in allgemeine Fröhlichkeit auflösen.

Zucker
Ißt man Zucker, besonders, wenn es sich dabei um künstlerisch und farbig gestaltetes → Naschwerk handelt, wird man leicht in eine Liebesgeschichte verwickelt.
Betritt man den reich gefüllten Laden eines Zuckerbäckers, dann wird man demnächst Kraft verschiedener Wünsche in eine eher verwirrende Zeit kommen.
→ Süßigkeiten

Zwieback
Wenn man sieht, daß man im Traum Zwieback oder sonst trockenes → Brot essen muß, so ist dies ein Hinweis, daß man sich künftig jeder Verschwendungssucht in seiner Lebenshaltung enthalten soll. Ißt und trinkt man übermäßig, kann dies zur Störung der Gesundheit und damit zu leiblichen Leiden führen.

Zypresse
Eine Angelegenheit, mit der man beschäftigt ist, wird noch viel Geduld und Ausdauer verlangen.
→ Baum

Quellenhinweise und Bibliographie

In den Quellenhinweisen und in der Bibliographie sind Abkürzungen enthalten, deren Bedeutung nachfolgend erläutert ist.

A *Apomasaris apotelesmata, siue de significatis et eventis insomniorum ex Indorum, Persarum, Aegyptiorumque.* Hrsg. I. Leunclavius. Frankfurt 1577 (405 Seiten, dazu Einleitung und Index).

AT *Des griechischen Philosophen Artemidori großes und vollkommenes Traum-Buch.* Leipzig 1753, in J. G. Dycks Buchhandlung.

BT B. Büchsenschütz: *Traum und Traumdeutung im Altetum.* Nachdruck der Ausgabe von 1868; Wiesbaden 1967.

CH *Le clef des songes.* Hrsg. M. Hélin (Documents scientifiques du 15e siècle, 2), Paris 1925.

DT H. P. Duerr: *Traumzeit.* Frankfurt 1978.

E J. Ennemoser: *Geschichte der Magie.* Leipzig 1844.

GA L. Grenzmann: *Traumbuch Artemidori.* Zur Tradition der ersten Übersetzung ins Deutsche durch W. H. Ryff (Saecula spiritalia. Hrsg. D. Wuttke, 2), Baden-Baden 1980.

GF S. Golowin: *Die weisen Frauen. Die Hexen und ihr Heilwissen.* Basel 1983.

GKT P. Garfield: *Kreativ träumen.* Schwarzenburg 1980.

GS S. Golowin: *Das Reich des Schamanen.* Basel 1981.

GZ S. Golowin: *Zigeuner-Magie im Alpenland.* Frauenland 1973.

HA *Handwörterbuch des deutschen Aberglaubens.* Hrsg. E. Hoffmann-Krayer/H. Bächtold-Stäubli. Berlin 1927 bis 1942.

J J. v. Negelein: *Traumschlüssel des Jaggadeva.* Gießen 1912.

KG K. Kiesewetter: *Die Geheimwissenschaften.* Leipzig 1895. .

KP V. Kräutermann: *Der Thüringische Theophrastus Paracelsus, Wunder- und Kräuterdoctor.* Arnstadt 1730 (Nachdruck Freiburg im Br. 1978).

M H. E. Miers: *Lexikon des Geheimwissens.* Freiburg im Br. 1970.

S H. Silberer: *Der Traum.* Stuttgart 1919.

SiH J. Sprenger/H. Institoris: *Der Hexenhammer.* Hrsg. J. W. R. Schmidt. Berlin 1906.

SL W. Schmitt: »Das Traumbuch des Hans Lobenzweig« in: *Archiv für Kulturgeschichte,* 48, 181–218. Köln 1966.

SS *Sources orientales,* 2: Les songes et leur interpretation. Paris 1959.

T *Der Traum aus der Sicht verschiedener psychotherapeutischer Schulen.* Hrsg. R. Battegay/A. Trenkel. Bern 1976.

TL *Traum-Büchlein, wie man nächtlicher Gesichten, Fürbildungen und Träumen Bedeutungen erkennen und lernen kann.* Langnau bei G. Blaser, o. J., um 1820. Das Büchlein ist leider unpaginiert.

T J. T. Tabernaemontanus: *Neuw vollkommentlich Kreuterbuch...* Frankfurt 1613.

W J. Weier: *De praestigiis daemonum.* Von Teuffelsgespenst . . . Neue Ausg., Frankfurt 1586.

Erster Teil
Auf den Spuren verlorener Lehren

Kindheit und Völkertraum

Zu der »gotisch-griechischen« Kultur der Krim, die erst im ausgehenden 18. Jahrhundert vom Moskauer Staat erobert wurde, und ihrer noch zu wenig erforschten Beziehungen zu den Tataren- und Kosakenstämmen der Urkaine vgl. GS und besonders A. Vasilev: *The Goths in the Crimea.* Cambridge/Mass. 1936. Auch K. v. Golowin: *Moderne Heiden.* Leipzig 1912. Vorwort.

Die byzantinischen Griechen vom Balkan bis zum Schwarzen Meer bildeten zweifellos eine Brücke zwischen den orientalischen (iranischen, indischen) Überlieferungen und dem mittelalterlichen Europa. Die »griechischen« Traumbücher, die sich auf den Magier Astrompsychos oder den klugen Nikephoros berufen, wurden zu den wichtigsten Quellen der neueren Werke dieser Art. Vgl. A: *Artemidori Daldani et Achmeti Sereini F. Oneirocritica;* Hrsg. N. Rigault; Paris 1603. F. X. Drexl: *Achmets Traumbuch;* Diss. München 1908; CH, 65f; SL, 183f. (Es gibt davon schon eine lateinische Übersetzung aus dem 12. Jahrhundert! Zu den deutschen Ausgaben GA, 196f).

Von der »griechischen« Krim erhielten die russischen Völker im 10. und 11. Jahrhundert ihre byzantinische Religion und Kunst. Hier entstand anscheinend sogar, wiederum nicht ohne orientalisch-kaukasische Einflüsse, die »slawische« Schrift (Glagolitza). Vgl. P. Kawerau: *Das Christentum des Ostens;* Stuttgart 1972; 18 und 134. Der gewaltige Einfluß der Kulturinseln am Schwarzen Meer erklärt sich

teilweise aus ihrem Ruf als Vermittler und Bewahrer »der Weisheiten der morgenländischen Magier«. Auf diese führten, wie man mir mehrfach erzählte, die berühmten griechischen Traumdeuter von Odessa noch im 19. Jahrhundert ihr Wissen zurück.
Bezeichnenderweise behaupten auch die so zahlreichen Zigeunernomaden des Balkans und der Nordufer des Schwarzen Meers, hier schon in vorchristlichen Zeiten (!) gesessen und in dieser »Urheimat« sogar ihre Wahrsagekünste entwickelt zu haben. Vgl. GZ; GS.

Die große Überlieferung

1 *Das Buch Jezira. Achtes und Neuntes Buch Moses oder der egyptische Hausschatz.* (Angeblich nach einer Handschrift von 1470!) Hrsg. F. H. Masuch. Planet-Verlag, Braunschweig oJ. (um 1970), 44. Ähnliche Quellen bereits in A aufgezählt! Vgl. GA, 196f.
2 Vgl. GS, 27ff.
3 O. H. v. Loeben (1786 bis 1825): *Lotosblätter,* 1. Bamberg 1817, 278 ff.
4 H. v. Wlislocki: *Volksglaube und religiöser Brauch der Zigeuner.* Münster in Westfalen 1891, 12–17.
5 Nach: T, 47f.
6 T, 49f. Zum Erscheinen von »Ahnenfiguren und Ahnenansprüchen« im Traum nach der Szondy-Schule vgl. W. Huth: *Wahl und Schicksal.* Bern 1978, 238 ff.
7 »Wenn du das weißt«, lehrte mich 1956 in Paris der russische Dichter Alexei Remizow, »bist du immer daheim, in deinem heimatlichen Erbhof (doma, w rodnom imenji)«. Zum »Adlerflug im Geist« vgl. GS, 15 ff.
8 L. Binswanger: *Wandlungen in der Auffassung und Deutung des Traums von den Griechen bis zur Gegenwart.* Berlin 1928, 1ff.
9 Vgl. H. Dieckmann: *Träume als Sprache der Seele.* Fellbach 1978, 52 ff (Genesis 28, 10–22). Vgl. E. L. Ehrlich: *Der Traum im Alten Testament.* Diss., Basel 1953; SS, 99–124. Dieses Bild, Jakob neben dem Stein »Beth-El« schlafend, schmückt bezeichnenderweise das Titelblatt von TL!
10 In diesem Sinn behaupten etwa die romantischen Okkultisten: »Die Sprache des Traums ist bei den verschiedenen Menschen und Völkern die gleiche«. E, 117.
11 Vgl. SL, 184 ff; CH, 65ff. Zur Beliebtheit der bildlichen Darstellungen von Jakobs Traum auch GA, 65f.
12 A. Caquot: »Les songes et leur interpretation selon Canaan et Israel« in: SS, 102f.
13 S, 96
14 S. Golowin: *Die Welt des Tarot.* 5. Aufl., Basel 1982, 87.

15 Erwähnt u. a. T. Hampe: *Die fahrenden Leute in der deutschen Vergangenheit.* Leipzig 1902, 6; GZ, 109; DT.

16 E. Gruber: *Trance-Formation, Schamanismus und die Auflösung der Ordnung.* Basel 1982, 360.

17 *Dr. Musallams Zauberbibel, Chartomantik.* Berlin-Weißensee o.J., 11. (Vgl. den weiteren Band dieser vielbenützten »Zauberbibliothek«: *Oniromantik oder Die Kunst der Traumdeutung. Echtes chaldäisches Traumbuch.)* Der richtige Name des Verfassers ist Franz Sättler; M, 288.

18 *Das Buch Jezira. Achtes und Neuntes Buch Moses.* 41ff. Vgl. Albertus Magnus: *Egyptische Geheimnisse für Menschen und Vieh,* 1, 15. Aufl., Toledo (?) o.J., um 1850, 47. (Nachdruck Freiburg im Br. 1978. Es gibt von diesem Werk wichtigen schon eine Ausgabe Braband 1816! HA, 3, 453. Angeblich wurde es aber in der deutschsprachigen Schweiz und in Bayern schon im 18. Jahrhundert benutzt.)

Weisheit des Mittelalters

1 BT, 44f.

2 Angeführt: GZ, 15ff.

3 E. Levi (1810 bis 1875): *Geschichte der Magie,* 1. Basel 1978, 250. Diese französischen Okkultistensagen verwendete 1842 auch der deutsche romantische Gelehrte J. v. Görres: *Die christliche Mystik,* 5; Neudruck Graz 1960, 69f.

5 Vgl.: *Die Stretlinger-Chronik.* Hrsg. J. Baechtold, Frauenfeld 1877.

6 *Lexikon der Symbole.* Hrsg. W. Bauer/I. Dümotz. Wiesbaden 1980, 457.

7 Hildegard v. Bingen: *Heilkunde.* Hrsg. H. Schipperges, Salzburg 1957, 152f.

8 KP, 126. Vgl. AT, 32f.

9 KP, 126.

Vergessene Medizin

1 Die enge Beziehung der Zigeuner zu den »seßhaften« Okkultistenschulen erwähnt u. a. B. I. Racoczi: »Gypsy Magic« in: *Journal of the Gypsy Lore Society.* Ser. 3, Vol. 35, London 1956, 40ff.

2 AT, 32f; KP, 125ff. »Es sind viele Krankheiten, die man allein erkennt durch den Schlaf.« SL, 199.

3 KP, 128. Vgl. SL, 201f.

4 HA, 6, 127f.

5 U. B. Birchler: *Der Liebeszauber.* (Zürcher medizingeschichtliche Abhandlungen, Neue Folge 110) Zürich 1975, 25f.

6 Welsch: *Kindermutter- oder Hebammen-Buch*, 1653, nach: R. Beitl: *Der Kinderbaum* Berlin 1942, 33f.
7 L. Thurneysser: *Historia und Beschreibung influentischer, elementarischer und natürlicher Wirkungen*. Berlin 1578, 121.
8 Welsch, 1653, nach Beitl, 33f.
9 Thurneysser, 121. Vgl. GS, 80.
10 W, 196. Vgl. GS, 259f.
11 J. B. Tavernier: *Les six voyages en Turquie*. 2, Paris 1981, 274.
12 Thurneysser, 121.
13 AT, Vorrede, 16.
14 *Dictionnaire des sciences occultes suivi d'un dictionnaire des songes*. Hrsg. F. Boutet, Paris 1937, 297.
15 Lamsprinck: *Traité de la pierre philosphale*... Hrsg. B. Roger (Bibliotheca hermetica). Paris 1972, 80 (Bild 14).
16 D. Stoltzius v. Stoltzenberg: *Chymisches Lustgärtlein*. Frankfurt 1624, Figur 92 (»Ein Traum oder Gesicht«).
17 KG, 574. In Deutschland Porta bekannt u.a. durch W, 192; KP, 130f. Vgl. DT.
18 Nach: Birchler, 64.
19 C. Haensel: *Das war Münchhausen*. Rastatt 1961, 109f. Zu Münchhausens Traumreisen vgl. Golowin: *Die Magie der verbotenen Märchen*. Hamburg 1973, 123f.

Die Apotheke der Traumärzte

1 SIH, 1, 199f.
2 KG, 571.
3 KG, 570.
4 KP, 130.
5 KP, 131. Vgl. W, 193.
6 GZ, 104ff.
7 *Das Buch der entdeckten Geheimnisse oder Sammlung 72 nützlicher Mittel*. 12. Aufl., Berlin 1850, 75.
8 KP, 128.
9 H. Marzell: *Geschichte und Volkskunde der deutschen Heilpflanzen*. 2. Aufl., Stuttgart 1938, 205.
10 TK, 2, 71f. Heute werden Melissen u.a. wieder gegen Angst, Depression, Melancholie, Zorn, Panik usw. verwendet! R. B. Tisserand: *Aroma-Therapie*. Freiburg im Br. 1980, 116.
11 KP, 128.
12 TK, 2, 175. Anis als Liebesmittel (Aphrodisiacum) vgl. HA, 1, 531. »Anis bringet Begierde Frauen und Mannen.« B. Hubner: *New Speisebüchlein*. Erffort bey J. Beck 1588.

13 HA, 7, 1088ff.

14 E. L. Rochholz: *Alemannisches Kinderlied und Kinderspiel.* Leipzig 1857, 333.

15 Vgl.: *Das Kloster.* Hrsg. J. Scheible, 12: F. Nork: *Die Sitten und Gebräuche der Deutschen.* Stuttgart 1849, 619ff. (Nach: Schrader: *Die Hexen des Brockens.* Oldenburg 1893).

16 KP, 129.

17 Vgl. vor allem: G. Frieß: *Edelsteine im Mittelalter.*Hildesheim 1980, 138–143. (Mit gründlichen Quellenangaben.) Der französische Edelmann Jean de la Taille lehrt in seiner Edelsteinkunde, die er der Prinzessin Marguerite von Frankreich, Königin von Navarra, widmete, der Onyx stärke »Geist und Körper«. S. de Riols: *Dictionnaire des Pierres...* Paris 1981, 31. Moderne Edelsteinbücher (»aus alten mittelalterlichen Büchern zusammengestellt«) versichern von diesem Stein: »Flößt tiefe Gedanken ein.« J. F. Thompson: *Neuentdeckte Wunderkräfte der Amulette.* Dortmund 1976, 62.

Kunst der Seelenflüge

1 W, 193f.

2 Der älteste gedruckte »Abremalin« scheint der von Köln 1725, »Die egyptischen großen Offenbarungen«, zu sein. Der englische Magier A. Crowley (1875 bis 1947) soll eine Ausgabe von 1458 besessen haben (?). M, 6. Vgl. *Dr. Musallams Zauberbibel:* »Magie oder Die Kunst der Zauberei«. Berlin o.J., 85; »Die heilige Magie des Abremalin«. Hrsg. J. R. Beecken. Berlin 1957, 20.

3 In diesem Sinn werden von amerikanischen und englischen Gruppen, die wieder die »Traditionen« zu Grundlagen ihres Lebensstils nehmen, die alten Sprüche zum Auslösen von Seelenreisen verwendet. Vgl. GF, 331ff. Besonders: D. Valiente: *The ABC of Witchcraft.* New York 1973.

4 Die Fähigkeit, drohende Abenteuer im Traum zu einem beglückenden Abschluß zu bringen, gilt beim Volk der Senoi geradezu als Merkmal des Erwachsenseins. GKT, 117.

5 W, 193. Der Okkultist Hieronymus Cardanus, der solches dunkel andeutet, verfaßte im übrigen eines der wichtigsten Bücher zur Traumdeutung. Deutsche Ausgabe: *Traumbuch Cardani. Wahrhafttig, gewüsse und unbetrügliche Underweisung.* Basel 1563. Vgl. GA, 185ff.

6 D. Mereschkowski: *Leonardo da Vinci.* Leipzig 1903. Vgl. GZ, 171f.

7 G. G. Leland (1824 bis 1903): *Etruscan Magic.* Neudruck New York 1963.

8 Vgl. Golowin: *Hausbuch der Schweizer Sagen.* Bern 1981, 81 ff.

9 Im Gebiet von Bern redete man noch in den vierziger Jahren vom »nachtfahre (traumreisen) mit der Frou Bertha«. Gemeint ist, nach dem Bewußtsein des Volkes, die als Besitzerin von »Heilkräften« berühmte gleichnamige Burgunderkönigin des 10. Jahrhunderts. Vgl. DT; K. R. H. Frick: *Das Reich Satans;* 1. Graz 1982, 328ff.

10 Vgl. GF, 233ff.
11 SIH, 1, 200.
12 H. R. Grimm (1665 bis 1749): *Poetisches Lust-Wäldlein.* Bern 1703, 248.
13 Vgl. GF, 183ff.

Dämmerung der Traumwelt

1 AT, Vorrede.
2 TL, Vorrede.
3 W. Martens: »Formen bürgerlichen Lesens im Spiegel der deutschen moralischen Wochenschriften« in: *Lesegesellschaften und bürgerliche Emanzipation.* Hrsg. O. Dann, München 1981, 55ff. (Gerade auch von Traumbüchern lernen wir: Solche bekämpfte Literatur »fand ihre Gönner und Leser meist in den vornehmen Kreisen des Spätmittelalters.« SL. 188.)
4 TL, Vorrede.
5 K. Simrock: *Handbuch der deutschen Mythologie.* 4. Aufl., Bonn 1874, 191ff.
6 TL, Vorrede.
7 Auch der große Romantiker E. T. A. Hoffmann bezog sich in seinen »Serapionsbrüdern« auf volkstümliche Traumbücher! GA, 11ff. Vgl. A. Béguin: *L'âme romantique et le rêve.* Marseille 1937; P. Ritzler: *Der Traum in der Dichtung der deutschen Romantik.* Diss., Zürich, Bern 1943.
8 S. Rümpler: *Vier Farben, das heißt: Die deutschen Spielkarten.* Hrsg. C. Herlossohn, 2. Aufl., Leipzig 1829, 13f.
9 J. P. Uz: *Lyrische und andere Gedichte.* Neue Aufl., Anspach 1767, 46.
10 Mündlich dank meinem Onkel Anatol v. Steiger, der sich schon in den dreißiger Jahren mit den Resten der europäischen Heimkultur beschäftigte.
11 A. Kyburz: *Das entdeckte Geheimnis ... der Brüggler-Sekte,* 1. Zürich 1753, 40. Angeführt: Golowin: *Lustige Eidgenossen.* Zürich 1972, 143f.
12 *Jahrbuch für historische Volkskunde,* 1. Hrsg. W. Fraenger, Berlin 1925, 185. »Die Werke zur Volksheilkunde sind leider vielfach stumm zu diesem Gebiet.« CH, 89.
13 A. Martens: *Das Mysterium des Schlafes.* Gettenbach bei Gelnhausen 1929, 34

1 A. A. Häsler: »Zigeuner in der Schweiz« in: *Weltwoche-Magazin*, 41. Zürich, 13. Oktober 1982.

2 W. Eberhard: *Lexikon chinesischer Symbole*. Köln 1983, 285; H. Egli: *Das Schlangensymbol*. Olten 1982, 257ff.

3 Vgl. J: Eberhard, 285. Auch bei dem Griechen Artemidoros heißt es zum Beispiel von seinen Totengöttern: »Pluto und Persephone sind von Furcht befangenen Menschen heilbringend, denn in ihrem Reich kennt man die Furcht nicht mehr.« Artemidoros: *Symbolik der Träume*. Hrsg. F. S. Krauss. Wien 1881, 168.

4 TL. Tod im Traum als glückliches Vorzeichen vgl. auch schon: A. 130ff; CH, 58 und 90; SL, 213.

5 A. Sumatry: *Das echte Zigeuner-Traumbuch*. 8. Aufl., Freiburg im Br. 1979, 136.

6 *Das echte und wahre Traumbuch nach ägyptischen Wahrsagern*. (»Nach einem alten Manuskript«) Dischingen/Württ. oJ. (um 1946), 42. Ähnlich: *Ägyptisches Traumbuch*. Bern 1942, 93. Auch die zuletzt erwähnten drei volkstümlichen Traumbücher sah ich um 1960 alle als (gelegentlich verwendete) Hilfsmittel bei fahrenden und seßhaften Wahrsagern in der Schweiz und im Elsaß.

7 M. Burner: »Der gelenkte Wachtraum« in: T, 95.

8 ST, 95f.

9 J. A. Hall: *Arbeit mit Träumen in Klinik und Praxis*. Paderborn 1982, 41f.

10 F. Thurneysser, in: *Tell*, 22. Zürich, 18. November 1982, 14.

11 T. Leary, in: *esotera*, 11. Freiburg im Br. 1982, 1010.

12 D. Snyder: *Aquarian Odyssey. A Photographic Trip into the Sixties*. New York 1979, Einleitung.

13 P. Balin: *Der Flug der gefiederten Schlange. Maya-Tarot und Schamanismus*. Deutsch von E. Gruber. Basel 1981, 7.

14 GS, 97ff und 303 ff.

15 Vgl. u.a. Hinweise bei P. Tholey: »Klarträume als Gegenstand empirischer Untersuchungen« in: *Gestalt Theory*, 2. Darmstadt 1980, 175 ff. (Besonders Abschnitt: »Abgrenzung gegenüber mythologischen Auffassungen.«) Anregungen aus anderen Indianerkulturen, GKT, 78–100.

16 Vgl. P. Tholey: »Wach ich oder träum ich?« in: *Psychologie heute*, 12. Weinheim 1982, 70. Zu den Anregungen des amerikanisch-europäischen Denkens durch die Traumkultur der Senoi vgl. u.a. GKT, 102–146; K. Stewart: »Dream Theory in Malaya« in: *Altered States of Consciousness*. Hrsg. C. T. Tart, New York 1969; J. J. Donahoe: *Die Kunst des Träumens*. Basel 1980, 57f.

17 Vgl. W. Anderson: *Das offene Geheimnis. Der tibetische Buddhismus als Religion und Psyhologie*. Bern, 1981, 145–161. Zum indisch-tibetanischen Traumyoga vgl. GKT, 185–207.

8 Nagual jun.: *Anthologie zu C. Castaneda.* Hrsg. D. Timm, Drensteinfurt 1982, 104f.
19 P. Garfield: *Der Weg des Traum-Manadala.* Interlaken 1981, 88.
20 K. Martin: *Das große Zigeuner-Wahrsagebuch.* Wien 1982, 7.
21 P. Hugger: *Sozialrebellen...* Zürich 1976, 8.
22 W. Wegmüller: *Neuzeit-Tarot.* Neuhausen 1982, Einführung.

Lehren für guten Traum

1 H. Glasenapp: *Indische Geisteswelt,* 2. Wiesbaden 1958, 245f. (Vgl. besonders J!)
2 Schon bei den Griechen: BT, 38. Vgl. A, 403f.
3 GKT, 183.
4 Vgl. A. Krumm-Heiler: *Osmologische Heilkunde. Die Magie der Duftstoffe.* Berlin 1955, 14. (Ausdrückliche Hinweise auf das erhaltene Wissen der Ostkirchen)
5 BT, 38.
6 Solche Auffassungen scheinen heute fast »international« zu sein. Von modernen chinesischen Wahrsagern vernehmen wir: »Auffallend ist, daß sie bei jedem Traum versuchen, dem Träumer Mut zu machen...« W. Eberhard: *Chinesische Träume...* (Akademie der Wissenschaft und der Literatur) Mainz 1971, 27.
7 Auch in den deutschen Traumbüchern des letzten Jahrhunderts (zum Beispiel TL) bedeutet »Fürsten sehen« noch meistens »Gewinn«.
8 Vgl. A.-M. Esnoul: »Les songes et leur interprétation dans l'Inde« in: SS, 207ff.
9 Auch die vorchristlichen vorderasiatischen Traumdeuter empfahlen, um die Wirkung schlechter Traumsymbole abzuwehren, die Anrufung des »reinigenden« Sonnengottes Schamasch. A. L. Oppenheim: »The Interpretation of Dreams in the Ancient Near East« in: *Transactions of the Americ. Phil. Society.* New Ser. vol. 46, Philadelphia 1956, 294.
10 T. Fahd: »Les songes et leur interprétation selon l'Islam« in: SS, 142ff.
11 TL, Vgl. u.a. K. Simrock: *Handbuch der deutschen Mythologie.* 4. Aufl., Bonn 1874, 195.
12 GKT, 246. Vgl. M.-J. L. Hervey de Saint-Denys: *Les reves et les moyens de les diriger.* Paris 1964. Die erste Auflage dieses Werks, die stark die Pariser Okkultisten beeinflußte, erschien 1867 — die Traumreisen des hochgebildeten Forschers waren schon 1900 Freud bekannt: Vgl. W. Zurfluh: *Quellen der Nacht.* Interlaken 1983, 360.
13 Frick, 1, 332 ff; DT, 26 f.
14 SIH, 2, 52.
15 J. S. Halle: *Fortgesetzte Magie ...,* 1. Wien 1788, 495ff; GF, 296ff.
16 »Die Bezeichnung Salbe (ursprünglich aus pflanzlichen Wirkstoffen. S. G.) ist beinahe gleichbedeutend mit Massage.« R. B. Tisserand: *Aroma-Therapie.* Freiburg im Br. 1980, 135.

17 *Srimad Bhagavatam.* Hrsg. A. C. Bhaktivedanta Prabhupada, Canto 4, Teil 2, Kap. 8–12, Heidelberg 1980, 244.

18 E, 323f.

19 GKT, 132 (mit wichtigem Hinweis auf die Forschungen von J. Adelson, 1960).

20 GKT, 173. *Das deutsche Traumbüchlein Danielis,* erschienen Straßburg 1500, lehrt: »Welcher sich sieht fliegen, bedeutet (dies für ihn den Gewinn von) Ehre.« CH, 63. Auch für das TL, entstanden um 1820, heißt es: »Fliegen mit anderen Vögeln (während seinen Traumreisen, S. G.) ist Reichen und Armen gut ...«

Die Illustrationen zu diesem Buch entnahmen wir Büchern des 19. Jahrhunderts: *Le Vocabulaire Illustré des Mots Usuels Français, Anglais, Allemands.* und *Ludwig Richters Hausschatz.*

Nach dem Zweiten Weltkrieg bestätigten mir die Wichtigkeit der Aufzeichnungen des geretteten Wissens der Flüchtlinge und Fahrenden unter anderen Prof. Dr. Dimitri Stremoukoff und Prof. Dr. Wladimir Ilijn, beide in Paris. Über Zusammenhänge der überlieferten Symbole durfte ich schon in den fünfziger Jahren in Bern, dem Heimatort meiner Mutter, mit Dr. Alfred Frankhauser, Dr. Hans Zulliger und dem Parapsychologen Fridrich A. Volmar reden. Über Verbindungen zur modernen Traumforschung und deutschen Traumforschung waren mir neuerdings die Gespräche mit Wolfgang Bauer und seiner Frau Katja, Gisela Scholz-Tarnow, Frankfurt, Wolfgang M. Harlacher, Freiburg im Breisgau, und George Pennington, München, wichtig. Die endgültige Idee zu diesem Buch erhielt ich durch Janos von Morzsinay. 1981.

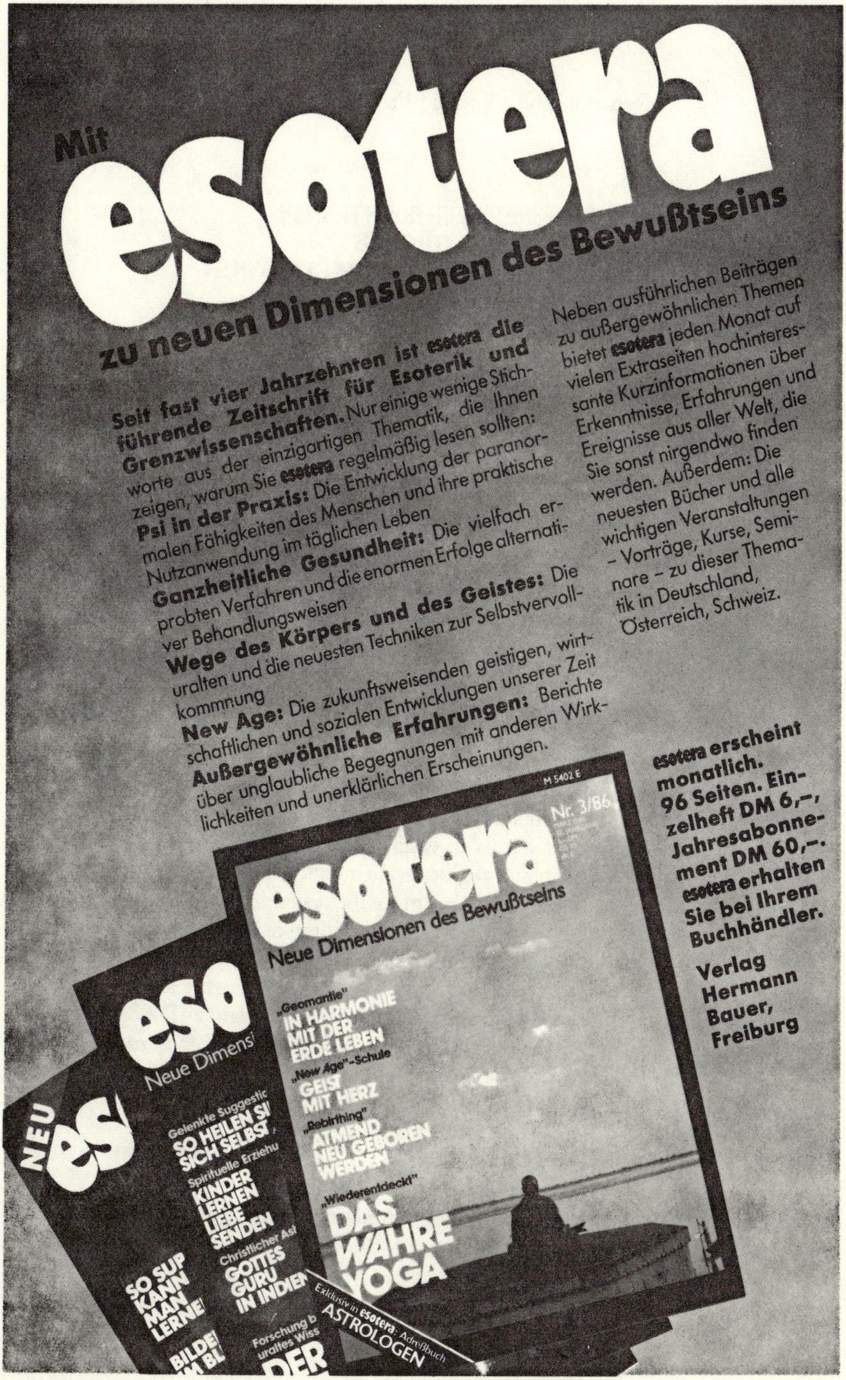
Mit
esotera
zu neuen Dimensionen des Bewußtseins
Seit fast vier Jahrzehnten ist esotera die führende Zeitschrift für Esoterik und Grenzwissenschaften. Nur einige wenige Stichworte aus der einzigartigen Thematik, die Ihnen zeigen, warum Sie esotera regelmäßig lesen sollten:
Psi in der Praxis: Die Entwicklung der paranormalen Fähigkeiten des Menschen und ihre praktische Nutzanwendung im täglichen Leben
Ganzheitliche Gesundheit: Die vielfach erprobten Verfahren und die enormen Erfolge alternativer Behandlungsweisen
Wege des Körpers und des Geistes: Die uralten und die neuesten Techniken zur Selbstvervollkommnung
New Age: Die zukunftsweisenden geistigen, wirtschaftlichen und sozialen Entwicklungen unserer Zeit
Außergewöhnliche Erfahrungen: Berichte über unglaubliche Begegnungen mit anderen Wirklichkeiten und unerklärlichen Erscheinungen.
Neben ausführlichen Beiträgen zu außergewöhnlichen Themen bietet esotera jeden Monat auf vielen Extraseiten hochinteressante Kurzinformationen über Erkenntnisse, Erfahrungen und Ereignisse aus aller Welt, die Sie sonst nirgendwo finden werden. Außerdem: Die neuesten Bücher und alle wichtigen Veranstaltungen – Vorträge, Kurse, Seminare – zu dieser Thematik in Deutschland, Österreich, Schweiz.
esotera erscheint monatlich. 96 Seiten. Einzelheft DM 6,–, Jahresabonnement DM 60,–. esotera erhalten Sie bei Ihrem Buchhändler.
Verlag Hermann Bauer, Freiburg
M 5402 E
Nr. 3/86
esotera
Neue Dimensionen des Bewußtseins
„Geomantie"
IN HARMONIE MIT DER ERDE LEBEN
„New Age"-Schule
GEIST MIT HERZ
„Rebirthing"
ATMEND NEU GEBOREN WERDEN
„Wiederentdeckt"
DAS WAHRE YOGA
Exklusiv in esotera: Adreßbuch
ASTROLOGEN
esotera
Neue Dimensi
SO HEILEN SIE SICH SELBST
KINDER LERNEN LIEBE SENDEN
GOTTES GURU IN INDIEN
NEU
SO SUP KANN MAN LERNE

Hermann Bauer Verlag · Freiburg im Breisgau

Paul Brunton

Entdecke dich selbst

7. Auflage, 349 Seiten, kart., cell.

Mittelpunkt dieses Buches ist die Anleitung zur Meditation. Alle Probleme, an denen der Mensch unserer Zeit leidet und deren Lösung er herbeisehnt, öffnen sich – folgen wir den Anleitungen des Verfassers – jener konzentrierten Versenkung, die unser Innerstes, die Tiefenschichten der Seele, aufschließt. Welche Fragen auch den Suchenden quälen mögen, diese Anleitungen und Lehren werden ihm helfen.

Paul Brunton

Die Weisheit des Überselbst

4. Auflage, 620 Seiten, Ganzleinen

Schon in den ersten Kapiteln dieses Buches erhalten wir Klarheit über die Mentalität des Universums und werden zu der geheimsten Tiefe in uns selbst, dem Überselbst, geführt. Der Verfasser führt uns den Pfad entlang, der uns in Meditationen über unser geheimstes Wissen schließlich mit dem Yoga des Unwidersprechlichen vom Gipfel in die strahlende letzte Wahrheit blicken läßt. »Friede allen, die diese Zeilen lesen«, schreibt der Verfasser am Ende seines Werkes. Und wirklich, Friede in innerer Stille bringt es allen, die es lesen.

Hermann Bauer Verlag · Freiburg im Breisgau